피맛골에 내려온
남산의 토끼

사진으로 잇는 50년 전과 오늘

김찬휘
김형진
정치영
지음

사회평론아카데미

1859년에 출간된 『종의 기원』의 저자는 다윈이지만 그 책에는 진화론을 뒷받침해 주는 여러 학자의 방대한 증거들이 포함되어 있다. 자신들이 평생을 바쳐 실험하고 관찰해 온 연구 실적을 다윈에게 제공한 것이다. 창조론이 득세하던 시절에 용감히 총대를 멘 다윈의 급진적 이론인 진화론에 힘을 보태고 싶었을 것이다.

저작권이 사후 70년까지 보장되는 '카피라이트 세상'에 우리는 살고 있다. 한편 이러한 세상에 조심스럽게 의문을 가져 보는 사람들도 있다. 바로 우리 저자들 같은 사람들이다. 저작권을 뜻하는 카피라이트(Copyright)와 반대되는 개념을 카피레프트(Copyleft)라 하는데, 이는 콘텐츠를 '독점'하지 말고 '공유'하자는 것이다. 카피레프트 운동의 하나로 셀수스협동조합이 『경향신문』에 「반세기, 기록의 기억」 칼럼의 연재를 기획하였고, 김찬휘 녹색당 대표, 김형진 KBS PD 그리고 정치영 한국학중앙연구원 교수가 글을 써 오고 있다.

칼럼의 형식은 이렇다. 우선 50년 전에 한국의 모습을 찍은 사진이 있다. 그리고 그때와 지금을 비교하며 정치·경제·문화적으로 변화한 우리 사회상을 이야기한다. 그러니 이 칼럼에는 과거 사진과 동일한 장소의 현재 모습을 찍은 사진이 꼭 있어야 했다. 이 사진들을 어떤 대가도 없이 기꺼이 찍어 보내 준 분들이 있고, 이분들 덕에 매주 꼬박꼬박 한 칼럼씩 탄생하게 되었다. 1년 넘게 연재된 「반세기, 기록의 기억」이 책으로까지 나오게 됐으니, 고마운 분들의 이름을 이 책에 새겨보고 싶다.

연재 제목을 지어 준 이백현, 가장 많은 사진을 촬영한 강하연과 이수성, 초상권 해결을 위해 고군분투한 김정웅, 매월 숭례문을 찍어 주는 김헌국, 춘천 시내를 사진에 담아 준 성수일, 중앙청이 사라진 장소를 찍은 이현우, 정선읍을 드론 촬영해 준 최연규, 진주 남강 촉석루를 찍어 준 최진영, 광화문대로 부감 샷을 보내 준 이제형, 남한산성의 유건식, 국회의사당 의원 연설 장면의 유의동, 대구 달성공원의 우근, 뚝섬 유원지의 배영한, 그리고 여수 밤바다와 오동도 사진을 찍은 시카고 예술대학의 사진학도 김건행 등이다.

돈을 주고도 사기 어려울 1971년 귀한 사진들을 무상으로 제공하여 신문 칼럼의 시작과 책 발간을 가능하게 해준 故 조성봉 선생의 딸 조은희 조은이책 대표와 지면을 내어주고 연재를 지원해 준 『경향신문』 기자들, 그리고 여러모로 쉽지 않은 책을 발간해 준 권현준 사회평론아카데미 대표와 편집자들을 '우리 사회 진화에 기여한 사람들'로 기록하고 기억하고 싶다. 이러한 분들 덕분에 우리 사회는 진화한다.

세 명의 저자를 대표하여 김형진이 씀

1971년 촬영한 청계고가도로.
삼일고가도로라고도 한다.
1969년에 개통되었고, 30여 년이
지난 2003년에 청계천 복원 공사로
인해 폐쇄 후 철거되었다.

삼일빌딩과 그 앞을 지나가는
청계고가도로의 모습.
삼일빌딩은 1978년 롯데호텔이
완공되기까지 한국에서
가장 높은 건물이었다.

1971년 촬영한 중앙청.
일제강점기에
조선총독부 청사로
지어진 건물이다.
1995년 철거되었다.

1971년 촬영한 숭례문.
남대문으로도 흔히
불린다. 2008년 방화로
인해 석축을 제외한 누각
대부분이 소실되었고,
현재의 숭례문으로
2013년에 복구되었다.
즉, 사진 속 숭례문은
지금의 숭례문이 아니다.

들어가며

2022년 1월 7일 『경향신문』에
실린 연재를 여는 글

사진은 언제 그 힘을 발휘할까? 촬영 대상을 찍은 사진은 현실 기록이지만
시간이 지나면 역사가 될 수 있다. 「반세기, 기록의 기억」에 게재될 사진들은
1971년에 촬영된 것이다. 조선총독부 건물이었던 중앙청 건물과 청계고가도로는
이제 볼 수 없다. 방화로 전소되기 전 숭례문(남대문) 역시 그렇다. 이 사진들은 모두
반세기 전의 사진인데 과거 사진에 맞춰 같은 장소에서 동일한 구도로 2021년부터
다시 사진을 찍었다.

50년 전 과거 사진과 현재 사진을 비교하면서 정치·경제·문화적으로 변화된
우리의 사회상을 볼 수 있다. 1971년 사진들은 조성봉 선생이 셀수스협동조합에
무상으로 기증했고 2021년부터 찍은 사진들은 셀수스협동조합원들이 찍었다.
조성봉 선생이 자기 사진을 무료로 사용할 수 있게 한 덕분에 사진의 기록이
기억되어 이야기가 되었다. 누군가 50년 후 미래에 같은 공간에서 그 피사체를 찍어
공유한다면 100년 기록의 심장부를 관통하여 무상 공유의 맥박을 힘차게 뛰게 할
것이다.

사진 등의 콘텐츠는 순전히 내 것이 없다. 앞서간 사람들의 유산에 내 노력이
살짝 얹어져 만들어지기 때문이다. 그러니 콘텐츠는 모두의 것이다. 콘텐츠를 무상
공유하자는 '카피레프트 운동'은 이념이 아니다. 내 휴대폰에서 잠자고 있는 사진이
누군가에는 필요한 자료가 될 수 있기에 돈 받지 말고 서로 주고받자는, 일종의
에너지 절약, 자연보호 운동이다.

카피라이트(Copyright)에 반대하는 카피레프트(Copyleft)는 저작권을
부정하는 게 아니다. 저작권은 보호받아 마땅하지만 '독점' 대신 '공유'로 사회발전을
이루려는 카피레프트 운동은 '돈이 없는 사람도 콘텐츠를 만들 수 있는 세상'을
만들고자 한다.

기획 연재 「반세기, 기록의 기억」은 조성봉 선생과 셀수스협동조합원들이 찍은
사진을 바탕으로 정치영 한국학중앙연구원 인문지리학 전공 교수와 김찬휘 녹색당
대표, 김형진 KBS PD 세 명이 이야기를 풀어간다.

『경향신문』에 실리는 과거·현재 사진들은 셀수스협동조합 사이트(celsus.org)에서
누구나 비용 지급 없이 내려받아서 상업적 목적으로도 사용할 수 있다. 이제 「반세기,
기록의 기억」 사진들은 무상 공유의 작은 불씨가 되어 '저작권 독점'이라는 낡은
세상을 무너뜨릴 것이다.

일러두기

『경향신문』에 연재된 칼럼 「반세기, 기록의 기억」을 바탕으로, 책의 기획 의도에
맞춰 글의 제목과 서술 시점, 내용 등을 일부 수정하였다.

책에 실린 1971년도 과거 사진은 모두 故 조성봉 작가를 비롯한 여러 사진가가
사진집 『이것이 한국이다』(전 7권)를 만들 때 지역 곳곳을 누비며 기록한 사진이다.
『이것이 한국이다』(전 7권)를 발간한 삼홍출판사가 오래전에 문을 닫으면서
시중에서 이 사진집을 구하기 어렵게 되었다. 본 책은 故 조성봉 작가의 딸 조은희
조은이책 대표에게 남아있는 사진집을 통해 도판 작업하였다.

책에 실린 현재 사진은 2021년부터 2023년 상반기 사이에 촬영한 사진으로,
모두 셀수스협동조합 사이트(celsus.org)에서 무상으로 내려받아 상업적으로
이용할 수 있다.

1_

같은 장소, 전혀 다른 이야기

요즘은
소음공해뿐만
아니라
야생동물들에게
공포감을 준다고 해서
"야호" 금지다.

취사 금지, 야호 금지

관악산 연주대   경기 과천시 자하동길 64

새해를 맞아 악산(험한 산)이라 불리는 관악산 산행을 시작한다.
에베레스트산을 등반해도 될 만한 등산복을 입었다. 등산화,
스틱까지 완벽히 갖추고 미끄럼 방지 매트가 깔려 있는 등산로를
걷는다. 스틱은 가져오지 않는 게 나을 뻔했다. 안전로프가 설치된
목재 계단을 밟고 올라가 마침내 산 정상이다. 뭔가 해냈다는
생각에 속으로 '야호' 하고 외쳐 본다. 요즘은 소음공해뿐만 아니라
야생동물들에게 공포감을 준다고 해서 "야호" 금지다. 음주, 흡연
적발 시 벌금이 부과되고 불을 피우다 걸리면 방화범으로 구속까지
각오해야 한다. 한마디로 자연보호에 안전한 등산이다.

사진은 신라 시대 때 의상대사가 도를 닦았다는 관악산 연주대다.
사진 속 멀리 보이는 응진전 암자는 대학 합격 기원의 효험이
최고라는 기도터다. 반세기 전인 1971년에 기록한 사진에서는
관악산에 오른 남자 등산객이 나뭇가지를 장작처럼 모아 불을 지펴
밥을 하고 있다. 연주대 깎아지른 절벽 위, 난간도 없는 응진전에는
사람들이 우글거리고 있다. 변변한 등산 장비도 없이 평소 입던
옷차림으로 지정된 코스가 있을 리 없는 봉우리를 '안 되면 되게
하라'는 군사정권 정신으로 기어이 올라가 '야호'를 경쟁하듯
외친다. 두말할 필요도 없는 안전불감증으로 위험한 등산이다.

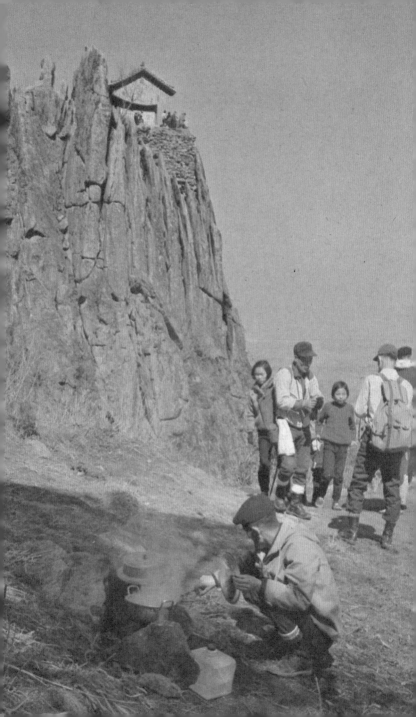

등산용품은 산을 타는 데 필요한 것이지만 1970년대 등산용품의 핵심은 코펠, 빠나(버너), 고체연료 그리고 슬레이트이다. 정확히는 취사용품이다. 1급 발암물질 석면이 포함된 슬레이트는 지금에야 폐기 처분하는 건축자재이지만 그 당시에는 고기 굽는 불판 대용으로 넘버원이었다. 새마을운동의 일환으로 초가지붕을 대체했던 건축자재인 슬레이트의 굴곡 사이로 산에서 굽는 돼지고기 기름이 자연스레 흘러내렸다. 산불을 걱정하기엔 우거진 숲이 조성되지 않은 벌거숭이산, 오죽하면 초등학교 동요 '메아리'에 "산에다 나무를 심자… 메아리가 살게시리(끔) 나무를 심자"라는 가사가 있을 정도로 1970년대 한국의 산은 메아리도 죽어버린 황무지였다.

50년 세월이 흘러 지하철·버스 노선 등 접근성 좋은 곳으로 등산로가 만들어지면서 1971년 사진 속 관악산 연주대 산길은 사람들 발길이 끊기고 숲으로 변했다. 산에서 불을 피워 밥을 해먹는 일은 상상도 할 수 없는 지금, 1971년 사진을 보며 박정희 독재정권하에서 1년 365일 쉬는 날도 없이 노동에 시달렸던 사람들이 산에서 취사, 흡연, 음주하며 스트레스를 풀었던 그때를 상상해본다.

_ 김형진

마냥 취사만 생각한 것은 아니었고,
오로지 산을 오르는 것이 목표인
사람들도 있었다.

북한산 백운대를 오른 등산객들.
주말이면 그 시절 등산객들도 원색의
등산복으로 산을 물들였다.

어떤 이들은 기술적인 등산을
즐긴다. 도봉산 주봉에서의
암벽등반.

대둔산 금강 구름다리 부근.
구름다리를 건너 끝없이 이어진 좁은
등반로를 오른다.

'바보 스테이지'라 불리는
곳이 있었다

이화여자대학교 앞 거리 서울 서대문구 이화여대길 52 일원

요즘 서울에서 젊은이들이 가장 많이 모이는 곳은 어디일까?
강남역, 대학로, 압구정동, 홍대 앞을 비롯해 최근에는 서촌,
성수동, 을지로 등이 새롭게 주목을 받고 있다. 그러나 1970년대
젊은이의 거리라면, 단연 명동과 종로 그리고 신촌을 꼽을 수 있을
것이다. 특히 서강대, 연세대, 이화여대, 홍대가 모여 있는 신촌은
청춘의 집합소였으며, 그중에서도 '이대 앞'은 양장점과 구두가게가
늘어서 있고 최신 유행을 선도하는 멋쟁이들이 모여드는 독특한
분위기를 가진 공간이었다.

'이대 앞'이라고 하면, 보통 이화여자대학교 정문에서 지하철
이대역에 이르는 거리를 가리킨다. 이화여대 정문 앞을 찍은
1971년의 사진을 보면, 먼저 '그린하우스'라는 커다란 간판이 눈에
띈다. 지금은 없어진 그린하우스제과점은 이대 앞의 터줏대감과
같은 존재로, 1970~1980년대 이대를 다닌 학생들은 이 빵집과
관련된 추억을 하나쯤 간직하고 있을 것이다. 인근에 있었던
'파리다방'도 미팅의 명소였다. 그린하우스제과점 뒤쪽으로는
노점상의 파라솔이 정문까지 이어지며, 멀리 학교 안에는 1956년
이화 창립 70주년을 기념해 세운 당시 동양 최대 규모의 대강당
건물이 보인다. 지금도 회자되는 영국의 최고 아이돌 가수 클리프
리처드의 공연이 1969년 열린 곳이다.

지금과 달리 1970~1980년대 이화여대는 금남의 공간이었다. 남학생이 학교에 들어가려다 막아선 경비 아저씨에게 야단을 맞는 모습을 종종 볼 수 있었다. 이 때문에 일부러 만든 것은 아니었지만, 정문 앞에는 '바보 스테이지'라 불리는 곳이 있었다. 남학생이 이대생을 기다리던 장소였다. 사진에 잘 보이지 않지만, 이화여대는 한국에서 유일하게(?) 다리를 건너 들어가는 대학교였다. 아래로 경의선 철도가 놓여 있던 '이화교'라는 다리였다. 이대생들 사이에는 다리를 건너며 기차의 꼬리를 밟으면 사랑이 이루어진다는 전설이 있었다. 그래서 기차 경적이 들리면 일부러 다리를 천천히 건너는 학생도 있었다고 한다.

2022년의 사진을 보면, 그린하우스제과점은 대기업의 생활용품 체인점으로 바뀌었으며, 학교 정문으로 이어지는 길은 일방통행로가 되었다. 2000년대 초에는 경의선 철길을 지하화하고 그 위를 복개하여 이화교가 사라졌다. 이대 앞의 번화했던 상점가도 최근 경기 침체로 갈수록 빈 가게가 늘고 있다.

_ 정치영

트렌드의 시작

종로2가 서울 종로구 종로2가

1971년의 사진은 지하철 공사가 한창인 서울 종로2가의 모습이다.
종로는 조선 시대 우리나라에서 가장 넓은 길이었고, 이 길을 따라
육의전을 비롯한 상점들이 늘어서 있었다. 남대문에서 뻗어온
남대문로와 종로가 만나는 곳에는 도성 사람들에게 시간을 알리는
큰 종을 단 누각이 있었다. 이것이 종루이며, 종로라는 이름은
여기서 유래하였다. 종루는 나중에 보신각이란 이름이 붙었다.
2022년의 사진 오른쪽에 보이는 2층 기와집이 보신각이다.

종로는 조선 최고의 번화가였으며, 왕이 행차할 때 이용하는
길이었다. 1899년 종로에 철로를 깔고 전차가 다니기 시작한
것도 고종이 명성황후가 안장된 홍릉에 편하게 갈 수 있도록
하기 위함이었다. 서울시민의 발 역할을 하던 노면전차는 교통
체증을 유발한다는 이유로 1968년 완전히 사라졌고, 그 자리를
지하철이 대신하게 되었다. 종로에 지하철을 건설하자는 움직임은
1930년대부터 있었다고 한다. 서울지하철 1호선은 1970년
착공하여 1974년 8월 개통하였다. 1971년의 사진에는 "74년에
탑시다. 서울지하철"이란 문구가 걸려 있는 임시육교가 보이며,
오늘날과 다르게 공사장이 지상으로 노출되어 있어 사람과 차가
통행하기 어려워 보인다.

1971년 사진 왼쪽에 보이는 "간첩 신고는 113"이란 간판이 옥상에 설치된 노란 건물은 화신백화점이다. 이 백화점은 친일파인 박흥식이 1931년 설립했으며, 건물은 1937년 지하 1층, 지상 6층으로 새로 지었다. 당시 한국인에 의해 건립된 최대의 건물로 엘리베이터, 에스컬레이터가 갖추어져 있었다. 이 건물은 1987년 도로 확장으로 철거되었고, 그 후 우여곡절을 겪은 끝에 1999년 거대한 종로타워가 들어섰다. 종로타워가 보이는 2022년의 사진을 보면 길 건너편 관철동 쪽은 50년간 비교적 큰 변화가 없었다는 사실을 알 수 있다.

1971년 사진에서 '고려당' 등의 간판이 보인다. 고려당은 1945년 이곳에 제과점을 열면서 "아침 식사는 빵으로"라는 문구를 내걸었다고 한다. 밥 대신 빵이라는 새로운 식생활도 종로에서 시작된 것이다. 고려당 근처에는 1907년 생겨난 '종로서적'이 있었다. 1970~1980년대 젊은이들이 약속 장소로 가장 선호하던 곳이다. 옛 추억을 떠올릴 수 있는 종로서적이 없어진 것을 아쉬워하는 사람이 많다. 지금은 종로가 옛 정취를 대변하는 오래된 지역으로 느껴지지만, 당시에는 청춘들이 만든 최신 도시 문화의 발신지였다.

_ 정치영

고려당은 1945년 이곳에 제과점을 열면서 "아침 식사는 빵으로"라는 문구를 내걸었다고 한다. 밥 대신 빵이라는 새로운 식생활도 종로에서 시작된 것이다. 고려당 근처에는 1907년 생겨난 '종로서적'이 있었다. 1970~1980년대 젊은이들이 약속 장소로 가장 선호하던 곳이다. 옛 추억을 떠올릴 수 있는 종로서적이 없어진 것을 아쉬워하는 사람이 많다.

택시들이 가득 메우고 있는 을지로 입구의 모습. 당시 을지로와 종로는 최신 도시 문화가 발빠르게 만들어지던 곳이었다.

1971 —————— **소비가 미덕**

종로 화신백화점을 기점으로
번화가에서의 백화점 각축전이
치열하던 때였다.

1971년 촬영한 종로 화신백화점
앞 거리.

미도파백화점은 일제강점기 때
정자옥(丁字屋) 백화점의 후신이다.
사진 속 한복 입은 여성이 손목 시계를
구경하고 있다.

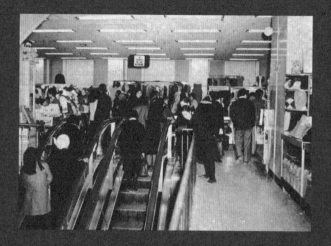

명동 입구에 자리잡은
코스모스백화점의 에스컬레이터 시설.
당시에는 에스컬레이터가 설치된 곳도
흔치 않았다.

양복 입은 신사들이 쇼핑하고 있는
신세계백화점.

미도파백화점의
크리스마스 풍경.

피맛골의 사연

피맛골 서울 종로구 청진동 257-3

광화문역 부근의 교보문고에서 종로 방향으로 가다 보면
'D타워'라는 건물이 있다. 현재의 사진 왼쪽에 보이는 건물이다.
건물 아래쪽에 나 있는 통로를 따라 건물을 통과해 횡단보도를
건너면 소년이 말을 타고 있는 모습의 동상이 보인다. 동상
바로 뒤에 '르메이에르종로타운'이라는 초대형 건물이 있고 그
아래에도 통로가 보이는데, 통로 입구에는 조선 시대풍의 기둥에
현판이 걸려 있다. 지금은 빌딩 숲에 짓눌려 이름만 남아 있는
'피맛골(避馬골)'이다.

피맛골은 처음부터 평민들의 공간이었다. 조선 시대 종로는
궁궐과 관가가 가까워, 가마나 말을 탄 고관대작의 행차가 잦은
큰길이었다. 큰길을 가다 고관대작을 만나면 하급 관리와 평민들은
엎드려 예의를 표해야 했으니, 이것이 싫었던 사람들은 뒤쪽의
좁은 골목을 이용하게 되었다. 이 골목에 '말을 피하는 골목'이라는
이름이 붙은 사연이다. 사람들이 다니니 주점과 국밥집 등이
생기고, 평민들의 활기로 떠들썩한 공간으로 자리 잡았다.

일제강점기에는 선술집이, 1950년대에는 해장국집이 성행하기
시작했다. 1960년대에는 낙지 요리를 전문으로 하는 일명
'낙짓집'이, 그리고 빈대떡, 생선구이를 파는 집이 넘쳤다.
1970~1980년대 고도 성장기에 이곳은 하루의 고된 노동이
끝나고, 술 한잔에 그날의 피로를 푸는 곳이었다. 힘들었던 그날의
일들은 술잔 속에 떨구고, 집에 가면 술기운에 바로 곯아떨어질
수 있게 해 주는, 그래서 다음날 다시 일을 이어갈 수 있게 해 주는
'삶의 슬픈 충전소', 그곳이 바로 피맛골이었다.

군사독재 시절 최루탄과 경찰의 곤봉을 피해 시위대가 숨어들던
곳도 바로 이 피맛골이었다. 600년 동안 명맥을 이어왔던 피맛골의
숨통을 끊어버린 것은 '재개발'이란 이름의 폭력이었다. 2008년
서울시는 청진 재개발구역 정비계획안을 가결했고 2009년부터
본격적으로 피맛골 일대가 재개발되기 시작했다.

피맛골은 더 이상 없다. 1971년 사진 속의 '빈대떡 전문 경원집'은
경복궁역 4번 출구 뒤로 옮겨 장사했으나 2023년 현재는 없고,
당시의 피맛골 음식점들은 경희궁 앞의 서울역사박물관으로
옮겨져 전시품이 되어 있다. 낙서, 메뉴판, 심지어 외상 장부까지
고스란히 박제화된 피맛골을 보며, 우리는 모든 삶과 기억을
불도저처럼 밀어버리는 자본과 권력의 폭력에 전율한다. 골목을
통째로 옮겨버린 이곳에서, 우리는 이 도시의 기괴함을 느낀다.

_ 김찬휘

큰길을 가다 고관대작을
만나면 하급관리와
평민들은 엎드려 예의를
표해야 했으니, 이것이
싫었던 사람들은 뒤쪽의
좁은 골목을 이용하게
되었다. 이 골목에 '말을
피하는 골목'이라는
이름이 붙은 사연이다.

종로의 저녁 풍경.
종로는 지금도
이처럼 붐빈다.

북적이는 도심 속 남대문로
거리의 육교. 육교는
도로 위로 사람들이 걸어
다니면서 또 다른 장면들을
만들어 내는 재미난 도시
건축물인데, 옛날이나
지금이나 서울 도심에서는
거대하고 복잡하게 얽힌
육교를 좀처럼 보기
어렵다.

고품격의 의미

세종문화회관 서울 종로구 세종대로 175

1972년 12월 2일 MBC 「10대 가수 청백전」이 막을 내린 지 7분 뒤,
전기 합선으로 건물에 화재가 발생했다. 당시 남진, 김추자 등 최고
인기가수와 구봉서, 곽규석 등 당대의 코미디언이 모두 있었고
관객만 4000명이 넘었다. 소방차 72대가 동원되어 2시간 만에
진화에 성공했으나 회관은 전소되고 53명이 사망했다. 이 일이
벌어진 곳은 1971년의 사진 속, 지금은 사라진 서울시민회관이다.

덕수궁 옆에 현재 서울시의회로 사용되는 건물은 일제강점기
때 '부민관'이었다. 부민관은 당시 서울의 대표적인 종합
문화공연장으로 기능했는데, 해방 후에 미군 사령부가 사용하다가
수복 후 국회의사당으로 쓰이게 되어 서울에 이렇다 할 공연장이
없게 되었다. 이에 1956년 '우남회관'이란 이름으로 기공을 시작해
1961년 11월 '서울시민회관'이 드디어 개관하니, 이로써 서울
시민이 가장 사랑하는 공연·문화 공간이 탄생하게 된 것이다.

세종로에 우뚝
솟아 있었던
서울시민회관.

서울시민회관에서는 주로 가수들의 공연이 열렸는데, 특히 미8군
무대에서 활동하던 가수들의 독무대였다. 이 시기 프랑스 68혁명과
미국의 반전운동 및 히피 문화는 한국의 대중문화에 큰 영향을
미쳤다. 1969년 서울시민회관에서는 '플레이보이컵 쟁탈 보컬그룹
경연대회'가 열려 신중현 등 당시의 사이키델릭 록 그룹들이
총출동해 대중들의 열렬한 환호를 받았다. 특히 '담배는 청자,
노래는 추자'라고 하여 최고의 인기를 구가했던 김추자가 1971년
매니저에게 테러를 당해 얼굴을 100바늘 이상 꿰매고도 4일 만에
붕대를 칭칭 감고 컴백 무대를 한 사건은 유명하다.

1960년대 말에서 1970년대 초까지 대중문화의 영광을 함께한
서울시민회관이 전소되고, 방치되던 공간에 1978년 새 공연장이
건립되었으니 그것이 지금의 세종문화회관이다. 하지만
세종문화회관은 과거의 서울시민회관과 달리 오케스트라, 오페라
등 클래식 음악과 연극 등을 중심으로 공연하는 '고품격' 공연장이
되었다. 1989년 패티김이 콘서트를 하게 되어 '금기'가 깨졌는데,
이를 둘러싸고 당시 큰 논쟁이 벌어졌다. 분명 우리가 겪어 온
시간임에도 격세지감을 느끼지 않을 수 없다.

세종문화회관의 대중문화 수용도 1987년 민주화운동 이후에
가능했던 것으로 볼 때, 정치는 우리의 삶과 떼려야 뗄 수 없는
것임을 다시 한번 생각하게 된다.

_ 김찬휘

1989년 패티김이
콘서트를 하게 되어
'금기'가 깨졌는데,
이를 둘러싸고 당시
큰 논쟁이 벌어졌다.

다양한 문화예술
공연이 열리는
세종문화회관.

2_

그야말로
보신각 종 타종과
경성방송국 기획의
하이브리드(혼종)라고
할 만하다.

고아한 종소리는
여전히 우리를 위로한다

보신각 서울 종로구 종로 54

매년 12월 31일 미국 뉴욕 타임스 스퀘어에는 '원 타임스 스퀘어(One Times Square)'라는 건물이 있다. 이 건물 지붕 위에 올라가 있던 휘황찬란한 큰 공(ball)이 밤 11시 59분이 되면 깃대를 따라 내려오기 시작한다. 카운트다운이 시작되고, 이 공이 다 내려오는 딱 그때가 바로 신년 0시다. 신년이 되는 순간 건물 전광판에는 'Happy New Year'라는 글자가 뜨고, 가곡 「Auld Lang Syne」이 울려 퍼지면서 사람들은 포옹과 키스를 하며 새해를 맞이한다. 이 행사를 '볼 드롭(Ball drop)'이라고 부른다.

뉴욕에 볼 드롭이 있다면 서울에는 보신각 제야의 종 타종식이 있다. 종로구 관철동에 있는 보신각 주변에 모인 사람들, 집에서 TV를 켜 놓고 「연기대상」 혹은 「가요대제전」을 보던 사람들은 0시가 되자 울리는 33번의 타종 소리를 들으며 한 해를 마무리하고 새해의 마음을 다진다. 종을 33번 치는 것은 불교에서 천상계를 '도리천' 혹은 '33천'이라 하는 것에서 유래했다고 한다. 즉 33번의 종소리는 중생을 악에서 구하고 나라와 민중의 안녕을 바라는 뜻이 담겨 있는 것이다.

원래 종각의 타종은 조선 시대에는 새벽 4시와 저녁 10시에 사대문을 열고 닫을 때 진행되는 것이었다. 타종이 새해맞이 행사로 변화한 것은 일제강점기 때이다. 1929년 경성방송국 라디오가 절의 범종을 스튜디오에 가져와 직접 타종 소리를 새해에 송출했다고 한다. 한국전쟁으로 보신각은 소실되고 종만 남았다가 1953년 보신각을 중건하여 타종이 재개되었는데, 바로 이것이 지금의 제야의 종소리의 시작이다. 그야말로 보신각 종 타종과 경성방송국 기획의 하이브리드(혼종)라고 할 만하다.

1971년과 2021년의 사진 속 보신각은 종도 다르고 건물도 다르다. 1468년 만들어진 종은 1984년 수명을 다하고 지금은 국립중앙박물관에 있다. 지금의 종은 1985년에 제작된 것인데, 경주의 성덕대왕신종(에밀레종)을 복제한 것이라 한다. 1971년 사진의 건물은 1953년 중건한 것인데, 임진왜란 때 유실되어 광해군 때 복구한 1층짜리 종루의 모습을 재현한 것이다. 2021년 사진 속 건물은 태종 때 지어진 2층으로 된 원래의 모습으로 1979년에 새로 지은 것이다.

종도 종각도 원본이 아니고 타종의 역사도 혼란스럽지만, 고아한 종소리는 많은 사람을 위로한다. 올해 종각에서는 코로나19 범유행 이후 3년 만에 타종식이 열렸다.

_ 김찬휘

올해 종각에서는
코로나19 범유행 이후
3년 만에 타종식이
열렸다.

해수욕이란 무엇인가

인천 송도해수욕장

바닷물 속에서 눈 뜨고 조개껍질 찾기, 마음껏 헤엄치기, 연인과
손잡고 모래사장 걷기, 가족과 비치볼 놀이 등은 1971년 여름에
인천 송도해수욕장에서 절대 할 수 없는 행위다.

한쪽에서는 힌두교 순례자들이 목욕을 하고 다른 쪽에서는
생활 폐수가 둥둥 떠다니는 인도 갠지스강을 연상케 하는
송도해수욕장은 그 당시 '똥물 해수욕장'으로 불렸다. 해수 온도와
해수욕객의 소변 온도가 거의 일치해서 항온 동물인 사람이
심장마비로 죽을 위험이 적었던, 더럽지만 안전한 해수욕장이었다.
물론 안전하다는 건 어디까지나 농담이지만. 물 반 고기 반도
아니고 물보다 더 많은 피서객들을 보면 수상 안전요원보다
지상 안전요원이 더 필요해 보인다. 이런 해수욕장에 왜 인파가
몰렸을까?

인구 밀집도가 가장 높은 수도권 지역에 거주하는 사람들이
1970년대 대중교통을 이용해 당일치기 물놀이가 가능했던
해수욕장이 인천 송도다. 해수욕장에 간다는 것 자체가 사치였던
시절, 어린이들은 바캉스 순례지가 되어버린 송도해수욕장에서
바닷물로 인한 눈병, 배앓이로 애초 방학계획표에는 없던 병원
신세를 져야만 했다. 아버지를 아버지라 부르지 못하는 홍길동처럼
그야말로 해수욕장이라 부르기조차 쑥스럽다.

송도(松島)는 섬(島)이 아니다. 일제강점기 때, 일본 사업가들이
바닷물을 끌어들여 갯벌에 백사장을 조성하면서 인공적으로
만든 곳으로, 일본의 다도해 명승지 '마쓰시마(松島)' 지역명을
프랜차이즈 조선 지점처럼 이름 붙여서 인천송도가 생겨났다.
1937년에 개통한 인천과 수원 사이를 오가는 협궤철도 수인선이
피서객들을 실어 날라 인산인해에 한몫을 했다. 6·25 전쟁
기간에도 휴장 없이 영국군 휴양지로 사용되었던 송도해수욕장은
수질 오염 악명으로 넘실거리다 '수질 개선 불가능'이 현실로
밀려오자 이용객이 급감, 2011년에 폐장되었다.

이후 송도해수욕장을 매립하고 그 땅은 중고자동차 수출단지로
용도 변경이 되었다. 2021년에 찍은 사진을 보면 자동차가
빽빽하게 들어차 있다. 조선인(한국인)을 비롯해 일본인, 영국인
등 수많은 외국인들이 해수욕장에 오랜 세월 몸을 담갔던 송도는
국제도시로 변모하고 있다. 빽빽함이 송도의 전통인지 지금의 송도
주변에는 고층 아파트가 빈틈없이 세워지고 있다.

_ 김형진

1971 ——————— **그해 여름**   지금의 우리를 멀리서
내려다봐도 이런 모습일까 싶은,
너무도 빽빽한 여름 풍경.

그때나 지금이나 우리나라
여름 해수욕 풍경의
상징과도 같은 부산 해운대.

속초 낙산 해수욕장. 대야에
감자나 토마토를 가득 담아
물놀이 하다가 배고프면
먹곤 했다.

서해안 최대의
해수욕장으로 불리던 대천
해수욕장. 충남 보령에
있다. 백사장이 넓고 경사가
완만하여 여전히 많은
인파가 찾는다.

울릉도의 비경으로 꼽히는
삼선암을 배경으로
해수욕을 즐기는 사람들의
모습이다.

해변 뒤로 송림이 우거진
강릉 경포대 해수욕장.

장충단에 깃든 영령은
호텔로 가라는 걸까?

장충단비 서울 중구 동호로 257-10

배호의 노래 「안개 낀 장충단공원」으로 잘 알려진
장충단(獎忠壇)은 '충성을 장려하는 제단'이란 뜻이다. 고종
32년(1895년)에 일어난 명성황후 시해사건 당시 순국한 신하들의
영령을 기리기 위해 광무 4년(1900년)에 고종 황제의 명으로
지어졌다. 장충단에는 본래 제단과 사전(祀殿), 부속건물 등이
있었는데, 한국전쟁 때 전부 소실되고 지금은 '獎忠壇'이라고 새긴
비석만 남아 있다. 사진에 보이는 비석의 선명한 글씨는 순종이
황태자 시절에 쓴 것이라 한다.

이 장충단을 '장충단공원'으로 만든 것은 일제다. 일제는 1919년
이곳을 공원으로 지정하여 벚꽃을 심고 연못, 놀이터 등을
만들었으며 비석도 뽑아버렸다. 일본의 메이지 유신 세력은
도쿠가와 이에야스 가문의 묘소와 사원이 있던 곳에 공원을
조성했는데, 그것이 도쿄의 우에노 공원이다. 이처럼 유서 깊은
장소가 공원으로 바뀌게 되면 그 장소와 연결된 정기가 사라져
버리는 것 같다. 창경궁이 창경원으로, 장충단이 장충단공원이
되면 그 원형적 가치는 어디서도 찾을 길이 없다. 1932년
일제는 이토 히로부미를 기리는 박문사(博文寺)란 절을 이곳에
세우기까지 했다.

하지만 장충단을 영원히 훼손한 것은 일제가 아니라 대한민국의 역대 정부와 기업 삼성이다. 장충단비가 원래 있던 곳은 지금 신라호텔이 있는 곳이다. 장충단은 지금의 장충단공원보다 훨씬 넓었다. 이승만 정권은 1957년에 육군체육관(지금의 장충체육관)을, 1959년에 박문사 자리에 국빈 접대를 위한 영빈관을 짓기 시작했다. 박정희 정권 들어서는 자유센터, 타워호텔(지금의 반얀트리호텔), 국립극장, 재향군인회 등이 우후죽순 들어섰다. 영빈관은 삼성에 매각되고 영빈관 옆에 신라호텔이 지어졌다. 그 와중에 광복 이후 복원되었던 장충단비는 1969년에 지금의 자리인 수표교 서쪽으로 옮겨졌다. 장충단은 박문사로, 박문사가 신라호텔로 바뀐 것이다.

2021년 사진을 보면 장충단비 뒤에 1971년 사진에는 잘 보이지 않는 석등 두 개와 작은 비석이 보인다. 이 비석에는 '제일강산태평세계(第一江山太平世界)'라는 글자가 새겨져 있는데, 이것은 배성관이라는 유명 골동품상이 1963년에 개인적으로 세운 것이라고 한다. 문화재 밀매꾼이었다는 세간의 의혹이 사실이 아니라 하더라도, 이것은 장충단비와 함께 있기에는 부적절해 보인다. 장충단비는 1969년 서울시 유형문화재 제1호로 지정되었다.

_ 김찬휘

이처럼 유서 깊은
장소가 공원으로 바뀌게
되면 그 장소와 연결된
정기가 사라져 버리는
것 같다.

장충단비 앞에 놓인
작은 석조물.

명성황후 시해사건 당시 순국한\
신하들의 영령을 기리기 위한 곳.\
원래의 '장충단'으로 잘 전해왔다면\
어떤 모습이었을까?

수표교는 원래 청계천에 세워\
수량을 측정하던 다리였으나, 청계천\
복개공사로 인해 이곳으로 옮겨졌다.\
수표교 서쪽에 장충단비가 위치한다.

여전히 슬픈 정선아리랑

정선읍   강원도 정선군 정선읍 일원

호랑이 소리가 들리고 도깨비도 나타날 듯한 강원도 첩첩산중에서
나무 베고 약초 캐며 살아가는 화전민들은 늘 무섭다. 이 무서움을
떨치기 위해 누군가랑 이야기라도 하고 싶어 인적조차 없는 숲을
향해 말을 건다. "거기 누구 없소?" "나는 북실리에 사는 사람이요."
대답이 없다. 그러다가 외로움에 읊조린다. "아~ 외롭다. 외로워~"
노래 같은 중얼거림은 '아리랑 아리랑 아라리요~'라는 가사와
가락이 되어 '아리랑'으로 탄생했을 것이다. 바로 정선아리랑이다.
흥겨운 진도아리랑이나 밀양아리랑에 비해 아리랑의 원조라
불리는 정선아리랑 곡조는 왠지 구슬프다.

1971년과 2022년 정선읍 사진은 풍수지리에서 말하는 명당자리,
뒤에 산이 있고 앞쪽에 강물이 흐르는 한 폭의 수묵화다. 이처럼
정선읍은 사람이 살기 좋은 땅이다 보니 인심도 넉넉하다. 사진을
비교할 때 2022년 사진에서 가장 눈에 띄는 건 녹색의 직사각형의
공간이다. 이건 정선고등학교 운동장에 깔려 있는 인조잔디인데,
1951년 농업학교로 개교한 정선고등학교는 여자고등학교로
변경되었다가 석탄산업의 사양으로 재학생이 감소해 현재는
남녀공학이 되었다.

사진 속 반달 모양의 정선읍 오른쪽에 보이는 '정선 제2교' 다리가
1969년에 만들어지기 전까지 주민들은 강가 양쪽에 줄을 잇고
나룻배를 잡아당겨 조양강을 건넜다. 물고기가 보일 정도로
물이 맑고 깊은 한강의 최상류, 조선 시대에는 뗏목이 흘렀던
강이다. 임진왜란으로 폐허가 된 경복궁의 중건을 위해 정선의
소나무(금강송)가 뗏목에 실려서 조양강을 따라 흘러갔다. 강물은
동강을 만나 몸집이 불고 동강은 남한강으로 굽이쳐 흘러 마침내
뗏목은 한양 마포나루에 도착한다. 천라물길을 노를 저어가는
떼꾼들이 '배가 뒤집히면 죽는다'는 두려움에 불렀던 정선아리랑이
소나무와 함께 경복궁 중건 공사에 동원된 인부들에게 전해지면서
정선아리랑은 전국에 퍼진다.

떼꾼들이 나무를 팔아 번 돈을 '떼돈'이라 하는데 떼돈은
이후 '광물이 많이 묻혀 있는 곳'을 뜻하는 '노다지'로 변한다.
일제강점기 정선 지역의 금광은 노다지의 꿈을 실현하는
'황금광'이라 불리었다. 해방 후 석탄은 이른바 검은 노다지였고,
정선은 외지인들이 들어오면서 흥청이던 탄광촌이었지만
1990년대 폐광이 되고 그 자리에 카지노가 들어섰다. 한탕을
꿈꾸는 사람들이 몰려드는 카지노가 지역경제 패권을 장악하고
'지방소멸'이라는 괴물이 점점 다가오는 시골 마을에서 '강원도
무형문화재 제1호' 정선아리랑은 여전히 슬플 수밖에 없다.

_ 김형진

'오죽헌 정화사업'

오죽헌 강원 강릉시 율곡로3139번길 24

강릉시에 자리한 신사임당과 이이의 생가인 오죽헌에 가면, 정문에 '세계 최초 모자 화폐 인물 탄생지'란 쑥스러운 문구와 함께 5만 원권과 5천 원권이 걸려 있는 포토존이 있다. 신사임당이 훌륭한 화가이자 문인이었던 것은 확실하다. 하지만 세종대왕과 비견되는 인물로서 지폐의 도안에, 그것도 아들과 함께 들어간 경위로는 부족하다. 조선 시대에는 허난설헌 같은 훌륭한 시인도 있지 않았는가? 결국 신사임당이 이이의 어머니로서 '현모양처'의 상징으로 받들어진 것이 '모자 동반 화폐 인물'이 탄생한 결정적 근거였음을 부인할 수 없다.

한 여성을 남편 혹은 아들과의 관계에서 규정하는 것은 부당한 것이다. 그뿐만 아니라 '현모양처'는 메이지유신 이후 일본에 생긴 '양처현모론'을 일제가 조선에 강요한 이데올로기의 하나다. 더 나아가 서인에서 노론으로 이어지는 정파의 태두라 할 수 있는 이이를 신격화하기 위한 송시열 이래 노론의 집요한 시도도 개입되어 있다.

강원도 평창군 봉평면에 가면 '판관대'라는 곳이 있다. 신사임당이 오죽헌에서 용꿈을 꾸고 그곳에 가서 이이를 잉태했다고 하여 유명해졌다. 출생지가 아니라 잉태지를 칭송하는 것은 보통 신성과 관련되며, 용꿈은 왕을 상징하는 꿈이다. 이런 스토리텔링을 거쳐 신사임당은 성역화된 인물로 등극한다.

지금의 오죽헌 주변 모습은 성역화 공사의 결과이다. 1975년 유신 시절 '오죽헌 정화사업'이 시작되었고, 6개월 만에 이곳은 반가의 아담한 별채에서 콘크리트가 발라진 거대한 궁궐로 변모하였다. 두 사진을 비교해 보면 사진 왼쪽에 보이는 문과 오죽헌의 위치를 제외하고는 모든 것이 바뀌었다. '정화사업' 당시 오죽헌과 사랑채를 제외한 모든 건물이 철거되었는데, 그래서 1971년 사진 오른쪽의 건물이 50년 뒤 사진에는 보이지 않는다. 문은 같은 위치에 크게 다시 지었고, 문 오른쪽에 없던 지붕이 보이는 것은 '정화사업' 때 신축된 '문성사'라는 사당이다. 현판은 박정희 대통령이 직접 썼는데 왼쪽에서 오른쪽으로 쓰여 있다.

축대와 담장의 모양, 계단의 장식도 바뀌었고 흙과 함께 숨 쉬어온 나무도 흔적 없이 베어버렸다. 사진에서는 보이지 않지만 흙 위를 덮은 보도블록 위에는 기념탑이 세워져 있는데, 이름하여 '율곡선생유적정화기념비'다. 철거된 몇몇 건물은 1996년에 복원되었지만 이곳에 자행된 무자비한 폭력의 흔적은 지울 수 없다. 서인의 쿠데타로 인조반정이 성공했고, 5·16쿠데타 주역이 서인의 태두인 율곡 생가를 '정화'했다면, 이것은 단지 우연일까?

_김찬휘

1975년 유신 시절
'오죽헌 정화사업'이
시작되었고, 6개월 만에
이곳은 반가의 아담한
별채에서 콘크리트가
발라진 거대한 궁궐로
변모하였다.

'정화사업' 전
오죽헌의 모습.

3_

동상,
저마다의
이야기

전국 어린이로부터
10원짜리 동전
150여만 개의 성금을
모아 되살린 것이
현재의 모습이다.

큰 물결을 기다리며

소파 방정환 동상   서울 광진구 능동로 216

서울 어린이대공원 '능동 숲속의 무대' 관중석 뒤쪽을 보면,
앉은 자세로 어린이를 왼팔로 감싸안은 모습의 소파 방정환
선생의 동상이 있다. 이 동상은 원래 색동회가 1971년 남산 기슭
어린이회관 옆에 건립한 것인데, 그 후 어린이회관이 대공원
옆으로 이전함에 따라 1987년 이곳으로 옮겨진 것이다. 동상의
변색 등 훼손이 심해 1995년 소년한국일보가 전국 어린이로부터
10원짜리 동전 150여만 개의 성금을 모아 되살린 것이 현재의
모습이다.

동상을 조각한 이는 해방 이후 1세대 조각가를 대표하는
김영중이다. 그는 공공미술의 개념을 도입한 조각공원을 조성하고
기념 조각을 다수 제작하여 조각의 대중화에 기여했다. 대표적인
작품은 독립기념관 안에 있는 '불굴의 한국인상'이며 연세대를
상징하는 '독수리상'도 그의 작품이다. 예술 정책과 제도에도
관심을 쏟았던 그는 1995년 광주비엔날레 창설에도 기여했는데,
정작 자신은 사후 11년이 지나서야 첫 개인전이 열렸다고 한다.

소파 선생이 1922년 5월 1일 최초로 '어린이날'을 제정하고
이듬해부터 기념식을 거행한 것은 잘 알려져 있다. 하지만 그가
어린이 운동을 한 배경에 모든 사람은 평등하다는 '인내천(人乃天)'
사상에 대한 공명이 있음은 모르는 사람이 많다. 그는 장인
손병희를 도와 3·1운동에 참여했으며 천도교 종합잡지 『개벽』에
진보적인 우화와 해외 동화를 소개했다. 그가 1923년 발표한 글
「소년운동의 기초 조건」은 "어린이를 재래의 경제적 압박으로부터
해방하여… 무상 또는 유상의 노동을 폐하게 하라"고 말하고 있다.
어린이날이 원래 5월 1일 노동절과 겹친 것은 우연이 아니다.
어린이 운동은 사실상 항일운동이었다.

소파 방정환 상

소파 방정환선생 상

일제는 이 어린이 항일운동이 커지는 것을 원치 않았다. 조선총독부 학무국은 1928년 5월 5일을 '유유아(乳幼兒)애호데이'로 지정하여 어린이날에 맞불을 놓으면서 '어린이 해방'을 '어린이 보호'로 퇴색시키려 했다. 결국 1937년 중일전쟁 발발 이후 1938년 어린이날은 폐지되었고, 전시체제의 국민정신총동원 아래 어린이는 "억센 국민"으로 단련할 것을 요구받게 되었다. 일제가 물러나고 1946년이 되어서야 어린이날은 부활했다.

방정환의 호 소파(小波, 잔물결)는 일본 아동문학의 개척자 이와야 사자나미(巖谷小波)에 대한 존경에서 연유했다는 설이 있으나, 그는 작고 며칠 전 부인에게 이런 말을 남겼다고 한다. "부인, 나의 호가 왜 '소파'인지 아시오? 나는 여태 어린이들 가슴에 잔물결을 일으키는 일을 했소. 이 물결은 날이 갈수록 커질 것이오. 훗날에 큰 물결 대파(大波)가 되어 출렁일 테니 부인은 오래오래 살아서 그 물결을 꼭 지켜봐 주시오." 동상 앞 비석에는 '어린이를 내려다보지 마시고 치어다보아 주시오'라는 소파의 말이 새겨 있다. 미증유의 기후위기를 낳은 우리가 과연 어린이를 '치어다보고' 있는지 돌아볼 수밖에 없다.

_ 김찬휘

그의 동양 평화 정신은
지금도 유효하다

남산 안중근 의사 동상 서울 용산구 후암동 30-80

10월 26일에는 유난히 역사적 사건이 많았다. '10·26' 하면,
흔히 1979년 김재규 중앙정보부장이 박정희 대통령을 저격한
사건을 떠올리지만, 2016년 박근혜 대통령의 하야를 요구하는 첫
촛불집회가 열린 날도 10월 26일이었다고 한다. 시간을 거슬러
올라가면, 1597년 이순신 장군이 진도 울돌목에서 왜군에게 기적
같은 승리를 거둔 명량해전이 벌어진 날도 양력으로 계산하면 10월
26일이었다. 이들 외에 10월 26일에 일어난, 우리가 꼭 기억해야
할 사건이 있다. 바로 1909년 안중근 의사가 하얼빈역에서
대한의 독립 주권을 침탈한 원흉이자 동양 평화의 교란자인
이토 히로부미를 사살한 일이다. 2022년 출간된 김훈의 소설
『하얼빈』은 안중근 의사의 의거 과정을 생생하게 묘사하여 화제가
되었다.

안중근 의사를 기리기 위해 세운 동상은 우여곡절을 겪었다.
최초의 동상은 1959년 조각가 김경승이 제작했으며, 일본인들의
성지였던 남산 기슭의 경성신사(京城神社) 터, 즉 현재의
숭의여자대학교 교정에 세웠다. 1967년에 이 동상은 남산
조선신궁(朝鮮神宮)이 있던 자리로 옮겨졌다. 경성신사 자리에
처음 안 의사 동상을 조성하고, 다시 일제의 정신적 지주
역할을 하던 조선신궁 터로 동상을 옮긴 뜻은 미루어 짐작할
수 있다. 1971년 사진에는 이 동상의 옆모습과 1970년 건립된
안중근의사기념관이 살짝 보인다.

여기까지는 괜찮았으나, 이후에 새로 발굴된 안 의사의 사진 속 모습과 동상의 모습이 너무 다르다는 의견이 제시되자, 1974년 김경승이 다시 제작한 동상을 같은 자리에 세우게 된다. 1959년의 첫 번째 동상은 안 의사가 대한의군 참모중장임을 기려 대한민국 육군의 교육시설인 광주 상무대로 옮겨졌고, 상무대 이전에 따라 지금은 전남 장성에 서 있다.

1974년 건립된 두 번째 동상은 그 후 제작자 김경승의 친일 행적 때문에 논란에 휩싸이게 된다. 이에 2010년 조각가 이용덕이 제작한 세 번째 동상이 새로 세워지고, 두 번째 동상은 첫 번째 동상이 있던 숭의여자대학교로 옮겨졌다.

2021년의 사진은 세 번째 동상으로, 안 의사가 이토 히로부미를 저격한 직후, 태극기를 꺼내든 장면을 담았다. 세 번째 동상은 영원토록 이 자리에 서서 안중근 의사가 소망한 '동양 평화'의 의미를 후세 사람에게 일깨워주길 바란다.

_정치영

어떤 승리

맥아더 장군 동상   인천 중구 송학동1가 1-1

수도권 지하철 1호선 인천행을 타고 끝까지 달리면 종점인
인천역에 닿는다. 역에서 나오면 알록달록하게 치장한
차이나타운이 눈에 들어오는데, 이 차이나타운을 가로지르면
우리나라 최초의 서양 근대식 공원인 자유공원이 나타난다.
1876년 일본과 강화도 조약을 체결한 이후 인천은 부산, 원산에
이어 1883년에 개항장이 되었고, 이후 재판, 치안, 과세 등
치외법권을 가진 외국인 거류 지역인 '조계(租界)'가 이곳에
설치되었다.

인천에는 일본, 청국, 미국, 영국, 러시아, 독일, 프랑스 등의
조계가 있었는데, 차이나타운은 바로 청국 조계의 흔적이라
말할 수 있다. 자유공원은 인천이 개항한 지 5년이 지난 1888년
각국의 조계에 거주하는 외국인들의 휴식처로 조성되었다. 다시
말해 자유공원은 19세기 말의 격렬한 제국주의 침략의 상징인
것이다. 당시 조선인들은 이 공원을 '각국(各國)공원'이라 불렀고,
일제강점기에는 '서(西)공원', 해방 이후에는 '만국(萬國)공원'이
되었으며 1957년에 지금의 '자유공원'으로 이름이 바뀌게 된다.

이 공원의 이름이 자유공원이 된 것은 같은 해에 맥아더 동상이
이곳에 세워졌기 때문이다. 더글러스 맥아더는 6·25전쟁 당시
유엔군 총사령관으로서 인천상륙작전을 성공해 초기 전쟁의
양상을 뒤바꿔 놓았다. 동상 건립문에는 '1950년 9월 15일 장군의
진두지휘하에 자유의 승리와 민국의 구원을 가져왔으니 이것은
영원히 기념할 일이며 이것은 영원히 기념할 사람인 것이다'라고
되어 있다. 맥아더 동상은 북한에 대한 남한의, 소련에 대한 미국의
승리의 상징인 것이다.

이 '자유'의 상징에 2018년 방화가 있었다. 2022년 4월에는 동상에 빨간색 스프레이가 뿌려졌다. 수많은 동상 철거 시위도 그 앞에서 벌어졌다. 역사적 인물의 동상은 동상 건립자들의 이념과 역사인식이 담겨 있다. 동상을 통해서 사람들이 자신과 같은 눈으로 세상을 바라보길 원하는 것이다. 그래서 동상 훼손은 자신이 반대편에 서 있음을 적극 표현하는 방법이다.

전쟁은 항상 역사 해석의 또 다른 전장이었다. 하지만 이 해석에서 잊지 말아야 할 원칙이 있다. 전쟁을 일으킨 세력은 전쟁이 가져온 모든 결과에 책임을 져야 한다는 것이다. 또한 어떤 명분으로도 전쟁은 정당화될 수 없다는 것이다. 그것이 전쟁으로 점철된 세상에 살고 있는 우리가 지켜야 할 평화의 자세이다.

_ 김찬휘

황소 30

건국대학교 황소상   <small>서울 광진구 능동로 120</small>

캠퍼스에 동물 동상이 있는 대학들이 꽤 있다. 건국대학교도
그중 하나다. 50년의 세월에 아랑곳하지 않고 1971년과 2022년
사진에 떡하니 버티고 있는 황소상은 건국대학교의 상징이다.
월스트리트의 황소상이 주식 가격의 상승을 희구하는 것이라면,
건국대 황소상은 무엇을 의미할까? 황소상 아래에 있는 박목월의
시 '황소예찬'이 그 답을 준다. '어떤 어려움도 성실과 근면으로
이겨내는 그의 인내가, 불의 앞에서는 불꽃처럼 활활 타는 황소…'

건국대 황소상의 의미는 건국대학교 설립자 유석창의 건학
이념과도 무관하지 않을 것이다. 경성제국대학 의학박사인
유석창은 해방 후인 1946년 '조선정치학관'을 개교하니 이것이
건국대의 시작이다. 1959년에 종합대학 건국대로 승격될 때 3개의
단과대학이 출범했는데 그중 하나가 축산대학이었다. 축산대학이
단과대학으로 설치된 것은 우리나라 역사상 최초였는데, 황소상은
이러한 설립자의 뜻을 상징하는 것일 것이다.

대학가요제가 인기가 있던 1980년, 건국대의 록밴드가 「제3회 TBC 젊은이의 가요제」에서 「불놀이야」로 금상을 수상했다. 훗날 유명해진 홍서범이 노래를 부른 이 밴드의 이름은 '옥슨80'이었다. 옥슨(oxen)은 옥스(ox)의 복수인데, 거세된 수소를 의미한다. 건국대의 상징인 황소를 의미하려고 한 것이겠지만, 그 영어 표기가 '옥스'가 된 것이 못마땅한 사람들이 많았던 것 같다. 건국대 홈페이지에는 이렇게 쓰여 있다. "건국대학교의 상징인 황소(Ox가 아닌 Bull)."

황소상이 있는 행정관 앞 잔디밭은 민주광장이다. 지금은 평온한 잔디밭이지만 1986년 10월 28일 여기서는 전국 2000여 명의 학생이 모여 '전국 반외세 반독재 애국학생 투쟁연합(애학투련)' 결성식을 거행했고, 경찰에 쫓긴 학생들은 5개 건물에 흩어져 농성에 돌입했다. 이것이 그 유명한 '건대항쟁'이다. 경찰은 이들 모두를 '공산혁명분자'로 규정해 농성자를 전원 연행하고 그중 1288명을 구속했다. 단일 사건 역사상 최다 구속 기록이었다. 농성을 진압하기 위한 경찰의 작전 이름도 '황소 30'이었다.

개교 70년을 맞이한 2016년, 건국대는 새천년관 앞에 새로운 황소상을 세웠다.

_ 김찬휘

충무공을 기억하는 일

진해 이순신 장군 동상　경남 창원시 진해구 도천동 13

이순신 장군의 업적은 끊임없이 재조명된다. 2022년에는 임진왜란 최초로 압도적 승리를 거둔 한산해전을 다룬 영화 「한산」이 흥행에 성공했다. 충무공 이순신 장군은 세종대왕과 함께 우리 국민이 가장 추앙하는 역사 인물이다. 아마 우리나라에서 동상이 가장 많이 제작된 인물도 이순신 장군과 세종대왕일 것이다. 전국의 초등학교에서 두 인물의 동상을 쉽게 발견할 수 있으며, 특히 이순신 장군 동상은 전적지를 비롯해 그와 연고가 있는 장소마다 세워져 있다.

이 가운데 가장 유명한 것은 광화문 광장의 세종대로 사거리를 지키고 서 있는 동상이다. 1968년 박정희 대통령이 후원하여 김세중 조각가가 만든 이 동상은 지금까지 숱한 논란을 낳았다. 그 논란은 장군의 얼굴과 칼, 갑옷의 고증이 잘못되었다는 지적, 칼을 오른손에 잡고 있어 장군을 왼손잡이로 묘사했다는 의견, 고개를 숙이고 있어 패장을 연상케 한다는 주장, 세종대왕을 기념하는 세종로에 충무공 동상을 세운 박정희의 정치적 의도 등 실로 다양하다.

그럼 전국에서 최초로 세워진 충무공 동상은 어디에 있을까? 사진과 같이 경남 창원시 진해구 북원로터리에 우뚝 서 있다. 이 동상은 1950년 11월 해군 창설 5주년을 기념하여 당시 진해통제부사령관 김성삼 장군이 발의하고, 해군과 지역 유지들이 협력하여 건립하였다. 1952년 4월에 거행된 제막식에는 이승만 대통령이 참석했다고 한다. 이 동상의 원형은 윤효중 조각가가 만들었으나, 당시 5m 가까이 되는 대형 동상을 주조할 만한 시설이 없어 함선과 병기를 만드는 해군공창(海軍工廠)에서 주물을 제작하였다. 충무공의 후예인 해군의 도시 진해에 해군의 노력으로 최초의 장군 동상을 세운 것은 큰 의미가 있다. 러일전쟁 후 일본이 만든 군항인 진해시가지 중심을 장군이 밟고 서 있는 광경도 참으로 상징적이다. 그리고 진해 앞바다는 장군이 승전한 장소이기도 하다.

1971년 사진을 보면, 양손으로 칼을 세워 잡고 서 있는 모습이 조선 왕릉의 무인석(武人石)을 닮았지만, 왼발을 살짝 앞으로 내밀고 가슴을 젖힌 채 바다 쪽을 바라보는 모습에서 당당함이 느껴진다. 2022년 사진에서 동상은 변함이 없지만, 주변은 크게 변하였다. 빼곡히 들어찬 아파트로 인해 진해를 병풍처럼 둘러싸고 있는 장복산이 잘 보이지 않는다.

_ 정치영

충무공이 지나간 자리라면, 바닷물 길이든, 은행나무가 덩그러니 남은 활터든 역사적 공간으로 남았다.

충남 아산시에 이순신 장군의 영정을 모신 사당 현충사. 1706년 숙종 때 창건됐다. 이순신 장군의 사당은 이곳 외에 전남 여수시의 충민사, 경남 통영시의 통영 충렬사 등이 있다.

'충무공 행단(杏檀)'이라
불리는 이곳은 현충사 경내에
있다. 이순신 장군이 젊은
시절에 활쏘기를 연습하던
곳으로 알려져 있으며, 한 쌍의
큰 은행나무가 서 있다.

전남 진도군에 있는 '이충무공 벽파진 전첩비'. 비문이 한글로 적혀 있다. 벽파진은 진도의 동북쪽 끝에 있는 나루터인데, 명량해협의 길목인 이곳 바닷가가 명량해전의 무대가 되었다.

통영 한산섬에서 여수에 이르는
물길인 한려수도(閑麗水道)는
하동군과 남해군 사이의 좁은
노량해협을 지나간다. 이곳에서
이순신 장군이 왜적을 무찌르다
순국했다.

4_

역사,
다소
쓸쓸한

그런 시절이었다.

독립 정신도 70m 이동 가능한가?

독립문   서울 서대문구 현저동 941

서울시 서대문구 현저동에 있는 서대문독립공원에는 두 개의
중요한 사적이 있다. 하나는 독립운동가와 민주화운동가들이
갇혀서 고초를 겪었던 서대문형무소이다. 공원을 따라 남동쪽으로
걸어 내려오면 또 하나의 사적이 보이는데, 바로 독립문이다.
기공식은 1896년 11월 21일에 열렸는데, 그 1년 전에는
명성황후가 시해된 을미사변이 있었고, 그 1년 후에는 대한제국이
선포되었으니 독립문은 어지러운 구한말의 한가운데에 세워진
것이다.

독립문 사진을 잘 보면 앞에 두 개의 큰 주춧돌이 보인다.
이것은 영은문(迎恩門)의 주초로서 원래 그 위에는 나무로 된
홍살문과 청기와가 얹혀 있었다. '영은'은 '은혜를 베푼 사신을
영접한다'는 의미인데, 중국의 사신을 조선 임금이 친히 영접하던
'모화루(慕華樓)' 앞에 영은문이 있었다. '모화'란 '중화를
흠모한다'는 의미이므로, 원래 이곳은 조선의 사대(事大) 정신을
올곧이 체현하고 있던 장소였던 것이다.

1895년 청나라가 청일전쟁에서 패배했다. 조선은 청에 대한 사대관계를 청산할 절호의 기회가 생겼다. 고종은 청나라의 역사적 기억을 지우는 작업에 돌입한다. 하나는 병자호란의 굴욕이 아로새겨진 '삼전도비'를 무너뜨린 것이며, 다른 하나는 영은문을 헐어 버린 것이다. 갑신정변에 실패하고 미국으로 망명했던 서재필이 돌아와 조선 조정의 후원으로 독립신문을 창간한 후, 영은문이 헐린 자리에 "청국의 속국"에서 벗어난 것을 기념하는 건축물 건립을 호소하니, 그것이 곧 프랑스의 개선문을 본떠 만들어진 지금의 독립문이다.

이처럼 독립문의 '독립'은 일본이 아니라 중국으로부터의 독립이었다. 실제로 훗날 친일파가 된 이완용이 독립협회의 대표적 인물이었다. 독립문의 현판 글씨도 이완용이 썼다는 설이 파다하다. 하지만 서재필은 더 넓은 의미의 독립을 생각했다. "이 문은 중국만이 아니라 일본, 러시아, 모든 유럽열강으로부터의 독립을 의미한다." 1971년의 독립문 사진 뒤에는 길 위의 자동차가 보이지만 50년 뒤의 사진에는 공원만이 보인다. 1979년 성산로를 건설하는 과정에서 고가 차도 건설 등에 방해가 된다는 이유만으로 독립문과 영은문 주초를 북서쪽으로 70m 이동한 것이다. 그런 시절이었다.

_ 김찬휘

일도양단

중앙청

매해 8월 15일은 광복절이다. 광복절과 관련된 중요한 사건 중 하나가 1995년 광복 50주년을 맞아 이루어진 '중앙청'의 철거이다. 광복절 아침 이 건물의 상징이었던 첨탑을 제거하는 것으로 시작한 철거작업은 이듬해 11월 완료되었으며, 첨탑은 천안 독립기념관으로 옮겨져 지금도 전시되고 있다. 중앙청은 1926년 일제가 조선총독부 청사로 건립한 건물이어서, 당시 김영삼 정부는 일제의 잔재를 청산하고 민족의 정기를 바로 세우자는 뜻으로 이 건물을 무너뜨렸다.

위쪽 사진을 보면, 일제가 굳이 이곳에 당시 동양 최대의 건물인 조선총독부를 지은 의도를 엿볼 수 있다. 조선왕조의 심장인 경복궁 근정전 앞을 가로막고 서 있는 조선총독부는 일제가 조선을 완전히 지배했음을 과시하는 표상이었다. 일제는 초현대식의 거대한 조선총독부와 버려진 초라한 조선 궁궐과의 대비를 통해, 사람들이 제국 일본의 우월함을 절감하도록 유도하였다. 이에 대해 반감을 표시한 일본인도 있었다. 이 건물이 완공되기 전에, 경복궁을 관광한 한 유명한 일본 승려는 "실로 역사 깊은 궁전과 전면의 멋진 오래된 대문(광화문)이 버터 냄새 나는 건물로 일도양단(一刀兩斷)될 운명에 처했다"고 개탄하였다.

굴욕의 역사를 담은 조선총독부 건물은 해방 후 서울에 진주한 미군이 군정청으로 사용하면서 'capitol hall'이라 불렸다. 중앙청이란 이름은 정인보가 이를 직역하여 처음 붙인 것이라 한다. 1948년 정부 수립 후에는 대통령 집무실을 비롯한 주요 중앙행정기관이 자리 잡아 계속 중앙청으로 불렸다. 1971년 사진은 1970년 중앙청 서남쪽에 완공된 정부종합청사에서 찍은 것으로 추정된다. 사진 오른쪽 아래에는 1968년 복원한 광화문의 모습도 살짝 보인다. 이 청사와 함께 1982년 정부과천청사가 만들어지고 부처들이 이전하면서 행정부의 중심 역할을 하던 중앙청은 그 기능을 상실하였다. 1986년에는 건물을 개조하여 23개의 전시실을 갖춘 국립중앙박물관으로 사용하였다. 2022년 사진은 중앙청이 말끔하게 사라진 경복궁의 모습이다. 새롭게 복원된 웅장한 광화문과 거기서 이어지는 높다란 담장, 광화문과 근정전 사이의 중문인 흥례문이 한눈에 들어온다.

_정치영

인왕산 자락과 드넓은 하늘이 보이는 현재의 광화문 풍경.

"실로 역사 깊은 궁전과 전면의 멋진 오래된 대문(광화문)이 버터 냄새 나는 건물로 일도양단(一刀兩斷)될 운명에 처했다"

우리가 잃어버린 것

창경원 유원지 서울 종로구 창경궁로 185 창경궁

1911년 우리들은 일본에서 배를 타고 현해탄을 건너 낯선 조선
땅에 이주했습니다. 우리들의 이름은 일본에서 사쿠라인데
조선인들은 '벚꽃'이라고 불렀습니다. 국권을 일본에 빼앗긴 조선의
마지막 왕 순종이 걸었던 창경원 뜰에 묘목으로 뿌리를 내렸는데
예전에 이곳은 '창경궁'이라는 조선 궁궐이었다고 합니다. 이곳에
일본이 동물원을 만들면서 조선 궁궐은 유원지로 전락했고 조선
왕의 지위는 동물원 원장쯤으로 강등되었다고 합니다.

무럭무럭 자라난 우리들이 꽃망울을 터뜨리자 1924년부터 왕의
거처를 일반 백성들도 입장권을 끊고 출입할 수 있게 됐습니다.
일렬종대처럼 길게 늘어서 있는 우리들 가지에 매달아놓은
백열등이 창경원의 밤을 밝히면서 상춘객들은 '밤 벚꽃놀이' 향연을
만끽했습니다.

일제강점기 개원부터 1980년대 초까지 창경원은 동물원,
식물원 그리고 놀이시설까지 겸비한 조선의, 그리고 한국의 최고
테마파크였지만 '암표상', '소매치기', '애정행각', '미아 발생' 등의
문구가 벚꽃 만개 소식과 함께 신문을 장식했습니다.

우리들의 개화 시기를 놓치지 않기 위해 전국에서 몰려온 '창경원 밤 벚꽃놀이' 야간 개장 인파의 모습이 담긴 1971년 사진은 방탄소년단 콘서트의 인산인해를 방불케 합니다. 6·25전쟁 후 인구의 폭발적 증가로 한 가정에 보통 3~4명의 자식들이 있다 보니 부모가 잠시 한눈을 팔아 아이를 잃어버리면서 발생하는 미아가 사회적 문제가 되기까지 했습니다. 엄마, 아버지의 손을 놓친 아이들의 울음소리가 바람처럼 벚꽃잎을 우수수 떨어뜨립니다.

사람들에게 꽃길을 걷게 해주던 우리들의 뿌리가 1983년에 뽑혀 나갔습니다. 무고한 시민들의 피를 광주 금남로에 꽃잎처럼 뿌리고 정권을 장악한 전두환이 '창경궁 복원' 프로젝트로 벚꽃나무를 여의도 등에 옮겼고 우리들이 사라진 자리에 한국을 상징하는 소나무를 심었습니다. 조선 왕이 나라를 잃어버린 비통한 마음으로 산책했고, '밤 벚꽃놀이' 때 부모들이 아이를 잃어버린 창경원이 창경궁으로 현판을 바꿨지만 한국인들은 기본적으로 해야 할 일을 잊고, 잃어버렸습니다.

해방 이후, 반민특위에서 처단하지 못한 친일파 무리들이 현재까지 한국 사회의 권력과 자본을 장악하고 있는데 일본 꽃이라는 벚나무를 뽑아냈다고 일제의 잔재가 사라졌다는 생각은 춘곤증의 정신 헷갈림입니다. 벚꽃이 피고 지는 건 기억하면서 친일파 청산이라는 역사적 의무는 망각했습니다.

_ 김형진

1973년 서울어린이대공원이
만들어지기 전까지 창경원은
수도권의 유일한 동물원과
놀이동산이었다.

밤 벚꽃놀이를 보러 온 홍화문 앞의 어르신들.

연지 위에서 배를 타고 즐기는
사람들과 그 뒤로 보이는 수정궁.

대열을 맞춰 움직이는 홍학
무리.

어린이놀이터 위로 지나가던
케이블카.

난간에 찰싹 붙어 흥미롭게
구경하는 사람들.

쪽진머리를 한 할머니가
코끼리를 구경하고 있다.

어린이놀이터 풍경.

일년 중 가장 입장객이 많았던
벚꽃철의 풍경. 밤에도 공개됐다.

동물원의 물개.

'피 묻은 혼'은
이것을 부수라는 건
아닐까

4·19학생혁명기념탑   서울 강북구 4.19로8길 17

서울 강북구 수유동의 4·19학생혁명기념탑은 혁명을 기리기 위해
만들어진 것이 아니다. 오히려 혁명 정신을 희석화하고 박제화하기
위해 세워졌다. 박정희 장군은 1961년 군사쿠데타 성공 이후
자신의 '군사혁명'이 4·19 정신을 계승했다며 정당화했다.
4·19의 숭고한 뜻을 저버린 무능하고 부패한 장면 정권에 대한
'혁명'이라는 것이다. 쿠데타 직후 장준하 등이 5·16을 지지한 것도
그런 맥락이었을 것이다. 군정은 1962년 5차 개헌의 헌법 전문에
최초로 "4·19 의거"의 이념을 계승한다는 문구를 삽입했다.

쿠데타 세력의 통치 기구인 국가재건최고회의는 "전 국민이 청신한 기풍을 배양하고 신생활체제를 견지하며 반공이념을 확고히" 한다는 기치 아래 그 산하에 재건국민운동본부(현 새마을금고의 전신)를 설립했는데, 이 재건국민운동본부가 1962년 기념탑건립위원회를 구성하여 1963년 9월 20일에 제막한 것이 이 기념탑이다. 기념탑은 높이 21m의 화강석 탑주 7개로 구성되어 있고 탑 뒤쪽 좌우에 각 10개씩 7m 높이의 화강석 만장이 세워져 있다. 탑 중심에는 청동으로 만든 동상 '군상환조'가 보이고, 탑 좌우에는 화강석으로 만든 동상 '군상부조'가 병풍처럼 두르고 있다. 군상환조 앞에는 시인 이은상이 쓴 비문이 있다.

이은상이 3·15 부정선거로 이어진 자유당의 선거운동에 앞장섰기 때문에, "해마다 4월이 오면 접동새 울음 속에 그들의 피 묻은 혼의 하소연이 들릴 것"이라는 명문구에도 불구하고 이 비문은 논란을 피하기 어렵다. 더 안타까운 것은 기념탑 자체를 설계·조각한 이가 대표적 친일 미술가인 김경승이라는 것이다. 그는 1942년 조선미전에 총독상을 탄 「여명」 등 대동아 건설과 근로정신대를 칭송하는 작품을 연달아 발표했고 친일 단체에서도 적극 활동했다. 탑 너머에는 4·19 혁명 과정에서 돌아가신 분들의 묘지가 있어, 묘지와 탑을 함께 보고 있으면 쓴맛이 올라온다.

김영삼 정부 들어 4·19 묘지 성역화 사업이 실시되어 기념관과 상징조형물들이 세워졌다. 박목월 등 유명 시인 12인의 추모시가 새겨진 '수호예찬의 비'도 건립되었는데, 정작 문학사적으로 4월 혁명문학을 대표하는 김수영·신동엽 등의 시는 없다. 1980년대 이래 4월이 되면 많은 학생들과 시민들이 이곳을 방문했지만, 과연 이곳은 무엇일까? "피 묻은 혼의 하소연"은 이곳을 부수라고 하고 있는 건 아닐까? 4·19혁명을 추모하는 어느 초등학생의 시 구절이 가슴을 친다. "오빠와 언니들이 배우다 남은 책상에서 우리는 오빠와 언니들의 뒤를 따르렵니다."

_김찬휘

공허하고 기괴하다

국회의사당   서울 영등포구 의사당대로 1

"영리를 목적으로 하는 사기업에 있어서는 근로자는 법률의 정하는
바에 의하여 이익의 분배에 균점할 권리가 있다." "광물 기타 중요한
지하자원, 수산자원, 수력과 경제상 이용할 수 있는 자연력은
국유로 한다." "중요한 운수, 통신, 금융, 보험, 전기, 수리, 수도, 가스
및 공공성을 가진 기업은 국영 또는 공영으로 한다."

'불온'한 표현으로 가득 찬 위 문구는 어떤 급진적인 조직의
강령이 아니다. 1948년 7월 17일 제헌절에 공포된 대한민국
'제헌 헌법'의 조항들이다. 현행 헌법의 전문에는 "자유민주적
기본질서를 더욱 확고히 하여"라고 쓰여 있지만, 제헌 헌법에는
그냥 "민주주의 제도를 수립하여"라고 되어 있다. "개인과 기업의
경제상의 자유와 창의를 존중함을 기본으로 한다"는 현행 헌법과
달리, 제헌 헌법은 "사회 정의의 실현과 균형 있는 국민경제의
발전을 기함을 기본으로 삼는다. 각인의 경제상 자유는 이 한계
내에서 보장된다"로 되어 있다. 헌법은 영구불변의 진리가 아니며,
대한민국은 지금보다 훨씬 '공동체 지향적'으로 시작되었다는 것을
알 수 있다.

이 제헌 헌법을 통과시킨 제헌 국회는, 지금은 헐린 '중앙청'의
중앙홀에 있었다. 국회의사당은 전쟁 때 부산으로 옮겼다가,
전쟁이 끝난 1954년부터는 일제강점기 때 종합 문화공연장으로
쓰인 '부민관' 건물로 이사하게 되었다. 지금은 서울시 의회
본관으로 쓰이고 있는 이곳은 1975년에 여의도 국회의사당이
준공되기 전까지 20년 이상 국회의사당으로 썼다. 1971년의
사진은 그때의 모습을 잘 보여준다. 의장석 앞에 20여 명의 주요
국회의원들이 앉아 있는 모습이 특이하다.

현재의 국회의사당은
남북통일 혹은 개헌을
대비하여 양원제로
설계되었다.

여의도 국회의사당의 모습은 50년 전과 많이 달라졌다. 현재의 국회의사당은 남북통일 혹은 개헌을 대비하여 양원제로 설계되었다. 사진 속의 국회 본회의장은 양원제가 실시되면 '하원'이 될 곳이다. '상원'이 될 곳이었던 다른 대회의장은 예산결산특별위원회 회의장으로 쓰이고 있다. 좌석은 반원형으로 배치되어 모든 좌석이 의장석을 향하게 되어 있다. 50년 전 종이가 놓여 있던 곳에는 모니터가 있고 대형 스크린이 발언자의 모습을 비추고 있지만, 동양 최대 규모의 이 국회는 공허하기 짝이 없다. 거대 양당에만 유리한 선거 제도를 이용해 국민의 다양한 의사를 체계적으로 배제하는 대한민국 국회는 유사시에 '로보트 태권V'가 뚫고 나온다는 풍문이 있는 돔 구조만큼이나 기괴한 모습으로 존재하고 있다.

_ 김찬휘

현재 국회의사당이 자리한 여의도에는 당시 5.16 광장이 있었다. 1997년부터 광장 공원화 사업이 추진되면서 지금의 여의도 공원이 되었다.

보존과 리뉴얼 사이

한국은행 앞 분수대   서울 중구 남대문로 39 일원

일제강점기 경성 시내를 대표하는 랜드마크는 조선은행이었다.
1912년에 지하 1층, 지상 3층으로 세워진 르네상스 양식의
조선은행 건물은 조선 상권의 중심에 있었고, 지배자 일본
제국주의의 힘과 근대화의 상징이었다.

해방 후 조선은행은 한국은행으로 명칭이 변경되고 여전히 명동과
남대문시장 상권을 아우르는 번화가의 보스처럼 자리를 지키고
있다. 국가의 화폐를 발행하는 중앙은행으로 일반인 상대 업무는
하지 않는 한국은행 건물을 바라보면서 '저 안에 얼마나 많은 돈이
있을까?' 셈하기 어려운 표정을 짓는 사람들을 볼 수 있었다.

6·25전쟁 발발 이틀 후, 한국은행 금고에 보관 중이던 금괴는
국군 트럭에 실려 빠져나갔다가 서울 수복 이후 한국은행으로
돌아왔다. 이때부터 괴소문이 떠돌기 시작했다. 한국은행 분수대
지하에 금고가 있는데 거기에 금괴를 보관한다는 소문이다. 소문의
주인공 한국은행은 자체 경비를 위해 권총에 기관총까지 겸비하고
있다는데 지금까지 1965년에 한국은행 광주지점이 딱 한 번
털렸다.

1971년 사진에 보이는 한국은행 앞 분수대는 로터리 역할이 컸다.
원활한 차량 흐름을 위해 교통순경처럼 서 있는 소박한 형태의
분수대는 1978년에 입체적으로 변신한다.

대대적으로 모양이 달라진 이유는 '선진조국 창달'이라는 선전용 랜드마크로 한국은행 앞 분수대가 적격이었기 때문이다. 사람들 왕래가 가장 빈번한 곳에 6각 형태의 분수탑과 15점의 조각상 장식으로 재탄생한 12m 높이의 분수대는 현재까지 반세기 세월의 녹이 슬어 있다. 이 분수대를 철거하고 이탈리아 로마에 있는 트레비 분수처럼 한국은행 사거리를 새로운 관광명소로 만들겠다는 사업 계획이 있었다고도 한다. 연간 수많은 관광객이 방문하여 분수대에 동전을 넣고 소원을 빈다는 트레비 분수는 1762년에 처음으로 물줄기를 뿜어냈다. 그 물줄기에 이탈리아 역사가 도도히 흐르고 있는 셈이다.

돈이 된다 싶으면 노후화로 낙인 찍어 역사적 가치를
깨부수는 데 망설임이 없는 자본의 논리에 한국은행
앞 분수대는 언제나 위태롭다. 분수대에 동전을
던져 소원이라도 빌어야겠다. "제발 50년도 안 된 이
분수대가 사라지지 않게 해주세요."

_ 김형진

남산의 토끼와 거북이

남산 케이블카 서울 중구 소파로 83

이솝 우화 「토끼와 거북이」 달리기 경주에서 패배한 토끼의 후손은
거북이한테 설욕전을 요청했지만 받아주지 않았어요. 그러던
1962년 어느 날 거북이에게서 서울 남산 꼭대기에 먼저 도착하는
시합을 하자고 연락이 왔어요. 그날 출발신호가 떨어지자마자
토끼는 깡총깡총, 거북이는 엉금엉금, 할아버지 토끼의 실수를
반복하지 않기 위해 토끼는 당연히 낮잠도 자지 않고 옹달샘
약수도 그냥 지나치며 오직 달렸어요. 마침내 남산 정상의 팔각정
지붕이 보이자, 토끼가 "이겼다!" 외쳤는데 거북이가 먼저 와 있는
거예요.

거북이에게 의문의 일패를 당한 토끼가 진상 조사를 해보니
달리기 시합이 열린 1962년 5월 12일은 남산에서 케이블카가
처음으로 운행한 날이었어요. 토끼가 남산을 한 발 한 발 올라가는
동안 거북이는 한국 최초의 여객용 케이블카를 타고 5분 만에
정상을 밟은 거예요. 1961년에 군사쿠데타로 집권한 박정희가
자기 지인에게 남산 케이블카 사업권을 영구히 독점으로 줬다는
것도 알아냈어요. 거북이한테 진 것도 어이가 없지만 이 사실을
떠들었다가는 '남산(정보기관 중앙정보부의 별칭)'으로 끌려가 쥐도
새도 모르게 죽을 수 있기 때문에 토끼는 쫑긋한 귀를 내렸어요.

'하면 된다'는 군사정권 구호에 걸맞은 승리를 탈취한 거북이를 독재자가 축하해주면서 "거북아! 내가 간이 안 좋아서 토끼의 간이 필요하요"라며 지령을 내렸어요. 이에 거북이는 시바스리갈 한 병을 들고 토끼를 찾아갔죠. 패배를 위로하는 척하면서 토끼를 취하게 만들어 독재자의 왕궁으로 데리고 갔어요. 뒤늦게 독재자가 자기 간을 노리는 걸 알아차린 토끼는 짐짓 태연하게 말했어요. "제 간은 남산 팔각정 지붕 위에 말려 놓고 있어서 지금은 없습니다. 바로 갖고 오겠습니다."

그리하여 남산 상행선 케이블카에 토끼와 거북이가 함께 타고 있다가 출발하기 직전, 토끼가 밖으로 튀어나오면서 비웃었어요. "세상에 누가 자기 간을 빼놓고 다니니? 멍청한 놈들아!"

이상 남산을 배경으로 한 '토끼와 거북이' 이야기다. 당연히 지어낸 것이지만, 남산 케이블카와 관련된 이야기는 사실이다. 두 사진을 비교해보면 2022년 사진에서는 고층 빌딩이 도심 숲을 이루는 등 50년 간의 큰 변화를 알 수 있다. 그러나 1962년부터 국유지 남산에서 케이블카를 독점 운영해온 자들은 오늘날까지 변함없이 대대손손 특혜의 줄을 타고 남산 위의 저 소나무 철갑을 두른 듯 산을 오르락내리락하며 막대한 수익을 올리고 있을 것이다. '성실하게 살다보면 언젠가 좋은 일이 생긴다'라는 「토끼와 거북이」 교훈은 동화 속 이야기일 뿐일까? 달리기 실력으로는 도저히 토끼를 이길 수 없는 거북이에게는 좋은 일일까?

_ 김형진

5_ 시간 여행을 떠나볼 것

이처럼 조계사는
중생들이 찾아가기
편한 함께하는 동네 절
같은 분위기다.

연등의 화려함에 취해 힘든 삶
잠시 잊으시라

서울 조계사 연등 서울 종로구 우정국로 55

세상 번뇌가 풍선처럼 떠 있다. 하늘이 보이지 않을 정도로 가득한
연등이 중생들의 소원을 품고 불어오는 바람에 꼬리표를 간절히
흔들고 있다. 부처님의 자비로 충만한 세상을 만들어달라고…….
부처님오신날을 맞아 서울 조계사에 빽빽이 들어찬 연등은 연꽃
모양이다. 진흙 속에서 피어나는 연꽃은 '내 몸을 더럽히지 말고
수행하라'는 불교를 상징하는 꽃으로 그 모양새는 두 손을 모아
합장한 불자의 모습과 흡사하다.

연꽃은 영어로 'Lotus(로터스)'인데 2022년에 타계한 김지하
시인이 제3세계 노벨상이라 불리는 '로터스상'을 1975년에
옥중에서 수상했다. 진흙탕처럼 부정부패한 박정희 독재정권에
연꽃처럼 저항하는 글을 썼기 때문이다. 연꽃을 닮은 연등은
'가난한 자의 등불이 가장 밝게 빛나야 한다'는 부처님 말씀처럼
아빠찬스, 엄마찬스 같은 공정하지 못한 어두운 사회에서 그 빛을
발해야 한다.

조계사는 일제강점기 서울 사대문 안에 세워진 최초의 절인데
종로 한복판, 고층빌딩에 둘러싸여 자동차 경적, 매연에 공기도
맑지 않고 입지조건이 좋지 않다. 산새들 지저귀고 청량한 공기에
여행코스로 찾아가는 심산유곡의 고즈넉한 여타 절 풍경과는
거리가 멀다. 1971년 조계사 사진에는 교복 차림의 여고생 모습도
보이는데 하굣길에 들른 것 같다. 이처럼 조계사는 중생들이
찾아가기 편한 함께하는 동네 절 같은 분위기다.

조계사에서 불공을
드리는 신자들. 많은
여인들이 한복을 곱게
차려 입고 왔다.

절로서는 오래되었다고
할 수 없지만, 조계사의
앞마당을 지키고 선
회화나무는 400살을
훌쩍 넘겼다.

절로서는 오래되었다고 할 수 없지만, 조계사의 앞마당을 지키고 선 회화나무는 400살을 훌쩍 넘겼다. 이 회화나무는 가톨릭 영화 한 편을 보는 진귀한 경험도 했는데, 한국 불교의 대표 사찰인 조계사 대웅전 앞마당에서 2011년에 김수환 추기경의 일대기를 다룬 영화를 상영했을 때였다. 가톨릭계에서는 화답으로 부처님오신날에 법정 스님의 영화를 명동성당에서 불교 신자, 가톨릭 신자가 어우러져 보았다. 서로의 다름을 인정하고 배려하는 게 내 마음의 연등을 밝혀 남들과 소통하라는 부처님의 가르침을 실천하는 것이다.

조계사가 일년에 한 번 사치를 부리는 날이 있는데 부처님오신날 연등 행사다. 2022년 오색찬란한 연등 사진 못지않게 1971년 연등도 그 위세가 대단하다. 여름에는 나무 그늘로 중생들이 햇볕을 피하게 해주는 대웅전 앞마당의 회화나무가 연등을 자기 몸에 주렁주렁 걸어주고 있다.

예수 탄생일에는 크리스마스트리의 황홀함에, 부처님오신날에는 연등의 수려함에 중생들이 취하고, 이렇게 해서라도 무자비한 세상의 힘듦을 잠시라도 잊게 해주는 게 종교가 존재해야 할 이유 아닐까?

_ 김형진

우리나라 도로의 어머니

세종대로   서울 종로구 세종대로

50년의 시간 차이를 두고 세종대로를 건너는 행인들의 모습이
흥미롭다. 1971년의 흑백사진에는 신호등이 없어서인지
경찰관이 서 있고, 사람들이 왼손을 들고 횡단보도를 건너고 있다.
질서정연하게 길을 걷는 사람들에서 연출된 사진이 아닌가 하는
의심이 생긴다. 사진 중앙에 높게 서 있는 전봇대도 눈에 띈다.
2021년의 사진은 마스크를 쓴 사람들이 붉은 신호등에 맞추어
깔끔하게 정비된 건널목을 자연스러운 모습으로 건너고 있다.
전봇대는 사라졌고, 날렵하게 생긴 가로등이 줄지어 서 있다.

경복궁 정문인 광화문 앞에서 출발하여 남쪽으로 뻗은 세종대로는 조선 시대부터 한국에서 가장 중요한 도로이며, 제일 넓은 길이었다. 조선 시대에는 육조(六曹)를 비롯한 주요 관아가 길 양쪽에 들어서 있어 '육조거리', 일제강점기에는 '광화문통(光化門通)'이라 불렀고, 1946년에 '세종로'라는 이름을 얻었다. 지금은 '세종대로'가 공식 명칭이다. 세종대로는 우리나라 도로의 어머니라고도 할 수 있다. 세종대로와 종로가 만나는, 세종로 네거리의 칭경기념비전(稱慶紀念碑殿) 앞에 도로원표(道路元標)가 있어 전국 국도의 원점 역할을 했기 때문이다. 지금은 도로원표가 대각선 맞은편 세종로파출소 앞으로 옮겨졌으며, 서울시와 전국 각 도시 간의 거리가 표시되어 있다. 세종대로만큼 많은 변화를 경험한 도로는 드물다. 가장 큰 변화는 2009년의 광화문광장 조성이다. 역사 복원, 조망권 확보, 문화공간 창조를 위해 길 중앙에 너비 34m, 길이 557m의 규모로 만들어진 광화문광장은 촛불집회 등으로 한국 현대사의 중요한 공간이 되었다.

2021년 사진에서 뒤쪽으로 보이는 낮은 두 건물은 왼쪽이
대한민국역사박물관, 오른쪽이 미국대사관이다. 1971년
사진을 보면, 두 건물이 똑같은 형태를 지니고 있다.
대한민국역사박물관은 미국 원조로 지은 정부청사였다. 1961년
국가재건최고회의를 시작으로 경제기획원, 문화체육관광부
청사로 사용되다가 2012년 대한민국역사박물관이 되었다.
이 건물을 짓고 원조자금이 남자, 동일한 설계로 바로 옆에
지은 것이 미국대사관 건물이다. 그래서 쌍둥이처럼 같았으나,
대한민국역사박물관은 박물관으로 리모델링을 하면서 외관이
달라졌다.

_정치영

골라! 골라!
남대문만 빼고 다 골라!

남대문시장 서울 중구 남대문시장4길 21

남대문시장에서 물건을 팔고 있는 노점상. 영화 「좋은 놈, 나쁜 놈, 이상한 놈」에 나오는 노래 「Don't Let Me Be Misunderstood」 초반의 쿵작쿵작 2박자 장단처럼 손뼉으로 박자를 맞추며 "골라! 골라! 아줌마도 골라! 아가씨도 골라!" 랩을 하고 있다. 국보 '숭례문(남대문)'에 인접해 있으니 숭례문시장이라 해야 하는데 다들 남대문시장이라고 했다.

다른 별칭은 도떼기시장. 조선 후기 객주들이 남대문시장에서 물건을 돗자리째로 넘기는 것을 '도떼기'라고 해서 도떼기시장이라고 불렀다. 번잡한 상황을 도떼기시장이라 칭하는 연원이 여기에서 나왔다. '도떼기'는 '도매'의 기원이다.

도깨비시장도 생겨났다. 1970년대 양담배, 양주, 외제 화장품 등 밀수품을 팔던 상가에 단속반이 들이닥치면 상인들이 번개처럼 물건을 감췄다가 다시 꺼내 장사하는 걸 도깨비 같다고 해서 도깨비시장이라 불렀다. 시장 상인들은 종종 단속반을 비웃기도 했지만, 노점상에게 단속반은 지옥의 사신이다. 1971년 사진에 노점상들이 별로 보이지 않는 건, 그날 단속이 워낙 셌기 때문이 아닐까.

당시엔 파리패션 말고 남문패션이 유행했다. 1980년대, 남대문시장 여성의류가 전국의 디자인을 주도해서 '시장 옷'이 곧 '최신 패션'이었고 새벽마다 지방 상인들이 대절한 버스로 올라와 산타클로스 선물 보따리처럼 옷을 잔뜩 떼어갔다.

재래시장 길바닥이 훤한 것을 본 적이 있는가? 남대문시장이 관광특구로 지정되고 한류에 힘입어 외국 관광객들이 몰려오자 시장 안에 호텔도 생겨났지만, 2021년 사진을 보면 코로나19가 사람 씨를 말려버렸다는 것을 알 수 있다. 마수걸이(첫 장사)도 못하고, 덤으로 더 주고 싶은 단골의 발길도 끊겼지만, 국보 남대문만 빼고 다 팔 수 있는 시장이 남대문시장이다. 백화점, 대형 슈퍼마켓, 온라인 쇼핑몰 등에 재래시장은 밀릴 수밖에 없지만 볼거리, 먹거리 등으로 한국 최대 시장의 600년 전통을 이어나가려 부단한 매일을 보내고 있다. 그러니 국보 남대문만 구경하지 말고 남대문시장에 와서 흥정은 붙이고 싸움은 말려 달라!

_ 김형진

서울 최초의 근대공원

탑골공원　서울 종로구 종로 99

1919년 3월 1일 일본의 식민 통치에 항거하여 전 민족이
궐기한 3·1운동이 처음 시작된 장소가 탑골공원이다. 그날 오후
탑골공원에서 독립선언서가 낭독되었고, 이곳을 출발점으로
독립운동이 들불처럼 전국으로 퍼져나갔다.

탑골공원 자리는 고려 시대 흥복사(興福寺)라는 절이 있던 곳으로,
조선 시대 들어와 불교 신앙이 깊었던 세조가 근처의 민가 200여
호를 허물어 절을 크게 새로 짓고, 원각사(圓覺寺)라는 이름을
붙였다. 그 후 연산군은 이곳에 궁중 음악과 무용을 관장하는
장악원(掌樂院)을 옮겨 연방원(聯芳院)이라 이름을 고치고, 자신의
유흥에 동원할 기생과 악사를 관리하도록 하였다. 연산군의 방탕한
생활이 극에 달했을 때, 이곳에는 전국에서 뽑아 올린 기생 1200명이
살았다고 한다. 연산군이 실각한 후, 건물들은 헐려 다른 관공서를
짓는 데 사용되었고, 세조 때 만든 십층석탑과 비석만 남았다.

탑골공원이 만들어진 시기는 이견이 있으나 고종 때인 1890년대로
추정되며, 서울에 생긴 최초의 근대공원이었다. 이 공원은 탑동공원,
파고다공원으로도 불리다가 1991년부터 공식적으로 탑골공원이
되었다. '탑골', '탑동', '파고다' 등의 명칭은 모두 이곳에 서 있는
원각사지 십층석탑에서 유래하였다.

사진 중앙에 보이는 건물은 1902년 지은 팔각정으로,
1919년 독립선언서를 낭독한 곳이다.

팔각정 왼쪽에 있는 탑이 국보 제2호인 원각사지 십층석탑이다.
1971년 사진과 달리, 현재 사진에는 탑이 유리 상자 안에 들어가
있어 답답해 보이는데, 1998년 비둘기 배설물이나 산성비로 인한
훼손을 막으려는 조치 때문이다.

19세기 말에 이 탑을 찍은 사진을 보면, 윗부분 3개 층이 땅에
내려져 있었다. 임진왜란 때 왜군이 이 탑을 일본에 가져가려다가
너무 무거워 실패한 흔적이란 설이 있으나 확인되지 않았다.
1946년에야 미군 공병대의 도움으로 복원하였다. 1971년의
사진에는 남녀노소 많은 사람으로 공원이 붐비고 있으나, 요즘의
탑골공원은 조금 한가로운 모습이다.

두 사진 모두에서 탑골공원 뒤쪽으로 우리나라 주상복합아파트
1세대인 낙원상가 아파트가 보인다. 낙원상가는 많은 악기
점포들로 인해 '음악인의 고향'이라 불린다.

_ 정치영

유리 상자가 설치된
1998년 이전에
원각사지 십층석탑을
바라보는 풍경은
이러했다.

1919년 3월 1일 일본의
식민 통치에 항거하여
전 민족이 궐기한
3·1운동이 처음 시작된
장소가 탑골공원이다.

'빽판'의 추억

세운상가　서울 종로구 청계천로 159

종로 4가를 사이에 두고 세계문화유산인 종묘와 마주 보고 있는
세운상가는 한국 최초의 주상복합건물이다. 종로에서 퇴계로까지
남북으로 1km 가까이 이어지는 세운상가 터는 원래 일제가
연합군의 폭격에 대비하여 방화선으로 조성한 공터였다. 한국전쟁
이후에는 피난민들의 판잣집이 무질서하게 들어서 있었다. 이
지역을 정비해야 한다는 의견이 대두되면서 불도저 시장이라 불린
김현옥 서울시장이 한국 최초의 도심 재개발사업을 세웠고 1966년
건축가 김수근의 설계로 상가 건설에 착수한다. '세운'이란 이름은
'세상의 기운을 모은다'라는 뜻으로 김현옥이 작명하였다.

2년 만인 1968년 탄생한 세운상가는
현대·청계·대림·삼풍·신성·진양 등의 상가아파트와 풍전호텔로
구성된 복합건물군이었다. 1~4층은 상가, 5층 이상은 아파트로
하였고, 3층에는 보행자만을 위한 공중가로를 만들어 전체
건물이 연결되도록 계획하였다. 김수근은 원래 건물마다
공공시설을 배치하고, 학교와 공중정원이 있는 이상적인 입체
도시를 계획하였으나, 경제 논리에 밀려 실현되지 못했다. 그래도
1971년의 사진을 보면, 현대식 건물이 주변 건물을 제압하고 우뚝
서 있으며, 많은 사람으로 붐비고 있다.

세운상가는 분양 초기에 최신 설비를 갖춘 주거시설로 선망의 대상이었으나, 1970년대 말부터 시작된 강남 개발 등으로 서서히 인기가 줄었다. 최고의 종합상가로 각광받던 상업시설도 명동 일대에 대형백화점이 속속 들어서면서 쇠퇴하기 시작하였다. 이에 더해 전자제품과 음향기기 등으로 특화되어 있던 업종이 도심 부적격 업종으로 지정되고 용산전자상가로 이전되면서 세운상가의 상권은 급격하게 몰락하였다. 그래서 1980~1990년대에 청소년기를 보낸 사람들은 세운상가를 성인잡지와 비디오, 불법 복제 음반인 '빽판'이 유통되던 곳으로 기억하기도 한다.

2006년에는 세운상가를 모두 허물어 종묘와 남산을 잇는 녹지를 만들고, 주변을 고밀도로 개발하는 계획이 수립되었다. 이에 따라 북단의 현대상가아파트가 철거되었는데, 현재 사진의 앞쪽 공터가 그 자리이다. 그러나 전면철거계획은 보상 문제, 종묘 경관 보호 등 여러 문제가 겹쳐 중단되었다.

_ 정치영

영도다리!

부산 영도다리　부산 영도구 대교동1가 190-1 일원

아버지는 자신도 본 적이 없는 부산 영도다리를 가족들에게
설명했다. "다리가 하늘 위로 솟구치면 그 밑으로 큰 배가
지나간다"는 아버지 얘기가 신기하면서 거짓말 같았다. 한국전쟁이
발발하면서 북한군 침략으로 피란민들은 남쪽으로 내려갔다.
피란길에서 아버지는 자식들에게 거듭 상기시켰다.

"엄마, 아버지랑 헤어지면 어디서 만나자고?"

"영도다리요."

"어디라고?"

"영도다리."

일제강점기인 1934년에 세워진 영도다리는 다리 길이 214m 중,
교각 사이 한쪽 다리 상판 31m가량이 80도 이상 열려 올라가는
한국 최초의 도개교(跳開橋)로 부산의 명물, 랜드마크다. 그래서
영도다리는 아이들도 쉽게 찾을 수 있다고 어른들은 판단한
것이다. 이산가족이 된 피란민들은 초조했지만, 육지(부산)와
섬(영도)을 이어주는 다리를 보며 가족 상봉 희망의 끈을 놓지
않았다.

다리는 약속대로 매일 정해진 시간에 맞춰 올라갔지만 만남은 좀체
이뤄지지 못했다. 피란민들이 몰려 인산인해를 이루는 다리 밑을
피해 조금 높은 곳, 다리 난간에서 가족을 찾았다. '제발 눈에 들어와
다오.' 간절히 가족 이름을 부르며 금속 난간에 칠해진 페인트가
벗겨질 정도로 움켜잡은 애절한 손때가 지문처럼 난간에 찍힐
무렵, 저녁 해가 영도다리에 걸렸다. 그리고 피란민들 눈물이 붉게
난간 위에 떨어졌다.

"금순아 어디로 가고 길을 잃고 헤매었더냐, 영도다리 난간 위에 초승달만 외로이 떴다"는 1953년 현인의 노래 「굳세어라 금순아」 가사처럼 피란민들 눈동자에는 초승달과 헤어진 가족 얼굴이 어렸다. 그러나 기다리는 것 말고는 할 게 없는 피란민들의 퀭한 희망은 등대 등불처럼 점멸되어 갔다. "엄마!"하고 부르는 아이들 목소리 같은 뱃고동 소리는 교각에 부딪히는 파도와 함께 포말로 부서지고 '만나자는 약속'은 더 멀리 밀려만 갔다.

인근 자갈치 시장에서 풍겨오는 고등어구이 굽는 연기에 불현듯 배고픔을 느낀 어머니는 '잃어버린 내 새끼는 굶고 있는데…' 죄책감에 혀를 깨물어 허기를 씹어 삼켰다. 영도다리가 들어올려야 할 고통의 무게는 피란민들이 흘린 눈물의 합이었다.

전쟁으로 고아가 돼서 병사하거나 아사한 아이들이 다리 밑에 버려지고, 이는 '영도다리 밑에서 주워 왔다'는 부산 말썽꾸러기 아이들 탄생 설화의 서글픈 모체가 되었다. 1966년에 영도다리 밑으로 상수도관을 매달면서 도개가 멈췄다.

그러다가 2013년부터 다시 다리를 들어 올리고 있다. 그 밑으로 대형 화물선 등이 지나가지만 관광이 주목적이다. 지금은 '영도대교'로 불린다.

"우리가 남이가?" 하면서 지역감정으로 표를 모으는 정치인들이 종종 "선거에 패하면 영도다리에서 뛰어내리자"고 한다. 가족과 생이별한 피란민들이 영도다리에서 투신하기도 한 걸 생각하면 쉽게 할 수 있는 말은 아닐 것이다. 영도다리에서 뛰어내려야 하는 건 '지역감정'이 아닐까.

_ 김형진

밤바다 못지않은 '밥바다'

여수항

자, 자, 퀴즈 하나 맞혀 보소. 한국에서 바다가 아름다운 도시는?
삼면이 바다인 한국에서 너무 어려운 문제라고? 그렇다면 힌트!
아름다울 려(麗), 물 수(水) 한자를 지명으로 쓰는 항구도시는?
정답! 여수(麗水)! 반세기 동안 변화된 여수항 사진을 보면 구봉산,
산천만 의구하네. 50년 세월의 꿈같은 이야기를 들려주지.

'여수에서 돈 자랑하지 말라'는 말 아나? 여수에 조폐공사,
한국은행이 있는 것도 아니고 뭔 말이여? 타임머신 타고 과거로
스르륵 가보자고! 여수항으로 배들이 은밀히 접근해 오는데,
임진왜란 당시 출몰한 왜적선은 아니고 밀수선이여. 광복 이후
일제 냉장고, TV 등을 싣고 세관을 통관하지 않고 몰래 들어오는
것이지. 일제강점기 때, 일본 시모노세키 항구에서 정기적으로
여객선이 들어오면서부터 여수의 경제 규모는 엄청나게 커졌던
거라. 풍부한 수산자원에 밀수로 풀린 돈까지, 개들도 지폐를 물고
다닌다는 시절도 있었지만 여수를 일본과 밀접한 도시로 생각하면
섭섭하네! 이순신 장군의 진남관, 요즘으로 치면 해군본부였던
곳이 여수에 있는데 조선 수병 인걸들은 간데없지만 거북선이
출항할 때, 그 비장감을 간직한 파도가 아직도 여수항을 철썩이고
있지.

잔잔한 물결만 치던 여수가 어느 날 새롭게 태어난 해가 있는데,
그 출생연도는 2012년! 세계 박람회가 여수에서 개최되면서
교통, 숙박시설 인프라가 구축될 즈음 발표된 버스커 버스커의
「여수 밤바다」 노래가 도시발전의 뇌관을 때렸어. 공전의 히트에
조업 나간 배들이 항구로 돌아와 정박하면 자연은 잠이 들고 인공
불빛이 깨어났지. 여수항을 조명으로 수놓은 2021년 촬영한
사진을 보면 나도 모르게 「여수 밤바다」 노래가 흥얼거려지거든.
"여수 밤바다 이 조명에 담긴 아름다운 얘기가 있어~ 나는 지금
여수 밤바다 여수 밤바다."

삼면이 바다에 둘러싸인 한국 땅에 부산 밤바다, 강릉 밤바다,
인천 밤바다 등 수많은 밤바다가 포진해 있건만 유독 '밤바다' 하면
여수가 떠오르는 건 왜일까? 편안한 노래 리듬에 어우러지는
바다가 둥실거리고, '밤바다' 못지않은 '밥바다'가 있기 때문이지.
밥 한 그릇 뚝딱인 돌게장, 서대회의 맛깔스러움을 간직한 여수.
갓 지은 포슬포슬한 밥 위에 갓김치 하나 올린 다음 여수를
음미해보는 건 어떨까.

_ 김형진

세월을 넘고 넘어, 도도히 흐르는

진주 남강과 촉석루 경남 진주시 본성동 일원

많은 도시는 강을 품고 있다. 경상남도 진주는 남강을 끼고
자리 잡았다. 서울과 마찬가지로 강의 북쪽에 먼저 시가지가
만들어졌고, 강의 남쪽으로 시가지가 확장되었다. 따라서 진주성을
비롯한 오랜 건축물들은 사진 왼쪽의 강북에 있다. 사진 왼쪽의
바위 벼랑 위에 서 있는 누각이 촉석루(矗石樓)이다. 촉석루는
고려 후기에 처음 지었으며, 남강 변에 솟은 뾰족뾰족한 바위에서
이름이 유래하였다. 전쟁 때에는 군사지휘소로, 평화로운 시기에는
과거 시험장으로 이용하였다. 현재의 건물은 6·25 때 불탄 뒤에
재건한 것이다.

두 사진에서 모두 촉석루 아래 절벽과 약간 떨어져 남강 위에 솟아
있는 네모반듯한 바위가 보인다. 1971년의 사진에는 사람들이
올라가 있는데, 바로 의암(義巖)이다. 임진왜란 때 진주성을 함락한
왜군은 촉석루에서 연회를 벌였다. 여기에 참석한 기생 논개는 열
손가락 모두에 가락지를 낀 채, 왜장을 의암으로 유인해 끌어안고
남강에 뛰어들었다. 가락지를 낀 이유는 왜장을 끌어안은 손이
풀어지지 않도록 하기 위해서였다고 한다.

1971년의 사진을 보면 강 북쪽과 남쪽을 이어주는 다리가 보인다.
1927년 건립된 진주교이다. 경남에서는 처음으로 철골구조로
지은 다리로, 역시 일본과 얽혀 있다. 진주교는 1925년 일제가
진주 사람들의 거센 반대 속에 진주에 있던 경남도청을 부산으로
옮기면서 여론을 무마하기 위해 지어준 다리이다. 일제는 1932년
공주에 있던 충남도청을 대전으로 이전할 때도 보상책으로 공주
금강에 금강교라는 철교를 놓았다. 진주교의 교통량이 늘어나면서
1980년대에 새로운 다리를 건설하였다. 현재 사진에 보이는 아치
모양의 다리이다. 이 다리의 교각은 거대한 가락지 모양의 황동
조형물로 감싸여 있다. 진주교는 논개를 기리며, 충절의 고장
진주를 상징하는 다리가 된 것이다.

10월의 밤이 되면, 남강은 강물에 띄워진 형형색색의 등불로
수놓아진다. 전국적으로 유명한 유등축제가 열리기 때문이다.
이 축제는 임진왜란 때 남강에 유등을 띄워 강을 건너려는 왜군을
저지하는 한편, 성 밖의 가족에게 안부를 전하는 통신수단으로
사용한 데서 유래하였다.

_정치영

서울시청 앞 연말 풍경

<u>서울시청 앞</u>　서울 중구 세종대로 110 일원

연말이 되면, 거리 곳곳에는 크리스마스트리가 설치되어 또
한 해가 다 지나갔음을 느끼게 해준다. 많은 크리스마스트리
가운데 서울 시민들의 가장 큰 관심을 받아온 것은 아마 서울시청
앞 광장의 크리스마스트리일 것이다. 크기도 크지만, 그 설치
장소가 상징성을 지니기 때문이다. 시청 앞 광장에 처음으로
크리스마스트리를 세운 것은 언제인지 정확하게 알 수 없으나,
1965년 한 신문의 독자란에 '성탄절은 기독교인의 행사이나,
시청 앞 광장에 높이 20m나 되는 어마어마한 크리스마스트리가
세워졌으니 누구의 세금으로 흥청거리는가?'라는 의견이 실려
있다. 이듬해인 1966년에는 '지난해 심었다 말라진 거대한 나무를
파낸 그 자리에 다시 크리스마스트리를 심고, 전구 2600개로
장식했다'라는 기사가 눈에 띈다. 서울시는 이것을 '서울 시민의
공동 성탄수'라고 명명했다고 한다.

1971년 연말의 서울시청 앞 야경 사진을 보면 분수대를 중심으로
화려하고 거대한 크리스마스 조명이 설치되어 있다. 광장을
휘돌아 태평로, 을지로, 무교로로 달려가는 자동차들의 불빛도
아름답다. 시청 앞 분수대는 1963년 가동을 시작한 서울의 명물
중 하나였으나, 2004년 '서울광장'을 조성하면서 철거되었다.
야경 사진 왼쪽에 살짝 보이는 시청 현관의 '600만의 전진'이라는
표어도 이채로운데, 당시 서울 인구가 약 600만 명이었다. 한편
크리스마스트리에 걸리는 수천 개의 조명은 전 세계적인 석유
파동을 겪은 1973년부터 1979년까지 에너지 절약시책으로
자취를 감추었으나, 그 이후에는 매년 설치되고 있다.

시청 앞 분수대는
1963년 가동을
시작한 서울의 명물 중
하나였으나, 2004년
'서울광장'을 조성하면서
철거되었다.

남대문을 향하여 바라본
1971년 서울시청 앞 광장.

1971년 연말의 서울시청 앞 야경.

2022년 연말의
서울시청 앞 크리스마스
트리.

2022년 연말에 찍은 사진 속에는 흰 눈으로 덮인 서울광장 한편에 크리스마스트리가 서 있다. 설치된 트리는 높이가 16m라고 하지만, 광장을 둘러싼 건물들이 높아져 왜소하게 느껴진다. 주변 빌딩과 전광판에서 내뿜는 불빛으로 광장은 대낮처럼 환하지만, 이러한 빛 공해 때문에 크리스마스트리의 조명은 더욱 초라해 보인다. 1926년 건립한 시청 본관 뒤로는 2012년 유리로 지은 신관이 보인다. 사진 오른쪽에 옆모습을 보이며 거인처럼 솟아 있는 건물은 1976년 세워진 더 플라자 호텔이다.

_ 정치영

시청 안 풍경은 이런 것.
1971년 서울시청
안에서는 민원을
해결하러 온 시민들로
인산인해를 이루고 있다.

6_

지키지
못했거나,
지키지
않았거나

그렇다고 인간의
간섭이 무조건
정당화될 수는 없다.

산속의 커다란 우물

산정호수   경기 포천시 영북면 산정호수로411번길 108

포천 하면 광릉수목원이나 막걸리, 이동갈비 등을 떠올리는 사람도
있겠지만, 뭐니 뭐니 해도 산정호수를 꼽지 않을 수 없다.

경기 포천시 북쪽의 영북면에 위치한 산정호수(山井湖水)는 말
그대로 '산속의 우물과 같은 호수'이다. 그런데 이 호수는 자연
호수가 아니라 1925년 일제강점기 때 영북농지개량조합이 관개용
저수지로 만든 인공호다. 아침에 피어오르는 물안개의 신비와,
가을의 억새풀과 단풍이 어우러진 호수의 아름다움은 수많은
사람을 이곳으로 불러 모은다.

1971년 산정호수의 사진을 보면 집과 건물, 보트장 등은 있지만
첩첩산중 속에 자리 잡은 호수의 자연스러운 맛을 잘 느낄 수
있다. 산정호수의 이 아름다움이 깨지기 시작한 것은 1977년
건설교통부가 이곳을 '국민관광지'로 지정하고 나서부터이다.
식당과 숙박업소가 호숫가를 따라 우후죽순처럼 생겨나고
놀이동산이 만들어졌다. 50여 년이 지나 산정호수를 찍은 사진의
중앙에 보이는 흰색 철 구조물은 바이킹이다. 바이킹, 회전목마,
우주선 등을 갖춘 '산정랜드'는 산정호수의 풍광을 깨는 흠결이자
흘러간 시대의 유원지를 보는 쓸쓸함을 준다.

그럼에도 불구하고 산정호수의 가치는 여전하다. 무엇보다 호수와
산이 제자리를 지키고 있기 때문이다. 2011년에는 호수 위에 수변
덱길이 설치되어 물 위를 걸으면서 호수와 산을 즐길 수 있다. 수변
덱길과 소나무길이 포함된 총 길이 4㎞의 둘레길을 따라 걸으면
1~2시간이면 산정호수를 한 바퀴 돌 수 있다.

둘레길도 아쉬움으로 가득하다. 조각공원은 봐주더라도 하트터널과 같은 조악한 가설물과 호수 주변의 명성산에서 피살되었다는 궁예에 관한 학습을 강요하는 조형물은 둘레길의 평온한 발걸음을 훼방 놓기에 충분하다.

우리 주위에는 인간의 손이 전혀 닿지 않은 '순수 자연'은 거의 없다. 산정호수 자체도 인간이 만든 것이다. 하지만 그렇다고 인간의 간섭이 무조건 정당화될 수는 없다. 인간이 생태계의 일부로서 자신의 위치를 겸허히 인정하고 자연의 이치에 순응하는 관점을 견지하지 못한다면, 인간은 지금처럼 생태계의 파괴자 역할을 면치 못할 것이다.

_ 김찬휘

그럼에도 불구하고 산정호수의 가치는 여전하다. 무엇보다 호수와 산이 제자리를 지키고 있기 때문이다.

가을에 바라본 산정호수.

풍선을 놓쳐버린 듯 사라진

남산 어린이회관 서울 중구 소파로 46 서울특별시교육연구정보원

1971년 5월 5일 어린이날, 아이는 부모와 함께 남산공원을 향해 걷다가 방송 송신탑이 보이자, 발걸음이 빨라진다.

"방송전파가 잡히지 않아 테레비(텔레비전)가 잘 나오지 않는 곳이 많아서 남산 꼭대기에 송신탑을 세우고 있다"고 아버지가 설명해준다. 독립운동가 김구 동상이 있는 백범광장에 도착했다. 남산 언덕에 우뚝 선 어린이회관이 한눈에 들어온다. 아이는 숨이 멎을 지경이다. 1970년에 건립된 한국 최초의 어린이회관은 18층 초고층 건물로 돔 모양의 지붕이 마치 우주기지 같았다.

어린이회관 마당에 전시된 미국이 기증한 아폴로 11호 우주선 모형을 보면서 아이는 자신이 달에 착륙한 우주인이 된 듯했다. 천체 과학관, 과학 실험실, 과학 오락실에서 아이는 호기심을 충족시킨다. 이날의 하이라이트는 한 시간에 한 바퀴 도는 어린이회관 맨 꼭대기 층의 회전전망대다. 서울 시내 전경이 영화필름 돌아가듯 보이자 엄마, 아버지도 신혼 시절을 떠올린다.

"남산공원, 이승만 대통령 동상 앞에서 엄마랑 결혼 기념사진을 찍었는데 어디더라?"

아버지의 흐릿한 기억을 엄마가 선명히 복구시킨다.

"이승만 동상은 4·19 때 사람들이 부쉈잖아요. 그리고 그 자리에 어린이회관을 지은 거예요."

이때 밖에서 차임벨이 크게 들린다. 남산공원의 꽃시계가 현재 시각이 정오임을 알려주는 소리다. 어린이날을 맞아, 남산공원 분수대는 흡사 수영장 놀이터로 변했고 무료 관람할 수 있는 식물원과 동물원은 솜사탕과 풍선을 양손에 쥔 아이에게 천국이었다.

그러다가 아이의 천국이 소리소문없이 철거됐다. 어린이회관은 1974년에 도서관으로 건물용도가 변경된 후 지금은 서울시 교육청이 사용하고 있다. 남산공원 분수대는 더 이상 물줄기를 뿜지 않고 동물원, 식물원, 꽃시계는 흔적조차 찾을 수 없다. 추억을 간직한 장소가 사라진 것은 아이가 자기 손의 풍선을 놓쳐버린 듯 안타깝기만 하다.

반세기가 지나, 아이는 어른이 되었다. 이젠 노인이 되어버린 엄마, 아버지 손을 잡고 남산공원에 가면 나무만 빽빽하다. 그렇지만 과학의 성지였던 어린이회관을 기억하고 미소를 머금으면 그날은 어른들에게도 '어린이날'이다.

_김형진

사라진 천년의 보물

불국사   **경북 경주시 불국로 385**

1971년에 불국사로 수학여행을 왔던 고등학생들이 오랜 세월이
지난 후 이렇게 다시 오다니, 모두 환영합니다. 불국사의 과거와
현재 사진을 비교하며 '숨은 그림 찾기' 투어를 시작하겠습니다.

1971년 사진에는 경내에 있는 다보탑, 석가탑이 보이지만 2021년
동일한 위치에서 찍은 사진에는 탑들이 보이지 않습니다. 불국사를
복원할 때 제작된 '회랑'이 시야를 가렸기 때문입니다. '회랑'은
2021년 사진에서 보이는 '지붕이 있는 복도'입니다.

사진 속 더 멀리 보이는 다리 계단의 이름은 청운교와
백운교입니다. 부처님의 나라로 들어간다는 다리입니다. 반세기
전, 수학여행 와서 이 다리 계단을 밟고 올라갔다고요? 그러면
계단마다 난간이 없어 낙상의 위험이 있던 것을 기억하세요?
지금은 돌난간이 끼워져 있습니다.

다음은 불국사에 숨겨져 있는 천년의 보물은 무엇일까요?
난이도가 높아 힌트 나갑니다. 힌트는 1971년 사진의 현판,
범영루에 있습니다. '범영루(泛影樓)'는 물(연못)에 누각이 비쳐서
붙여진 이름인데 두 장의 사진에 연못은커녕 물의 흔적조차
없으니 이게 어찌 된 일일까요?

신라 시대 때, 불국사를 창건하면서 토함산 골짜기 물을 끌어들여
연못을 만들었습니다. 그 연못의 이름은 '구품연지'입니다.
천년의 보물은 '구품연지'입니다. 범영루가 연못 물 위에 떠 있는
것처럼 비쳤던 것이지요. 구품연지 터는 수학여행 학생들이
집결하는 장소, 백운교 앞마당입니다.

예전에는 자하문 밖
계단에서도 석가탑과
다보탑을 사진에 담을
수 있었다.

1971년 불국사 내 석가탑의
모습.

아치형 구조의
석조물이 떠받치고
있는 청운교.

그런데 왜 구품연지는 보이지 않을까요? 일제강점기,
일본인들이 구품연지의 흔적을 메워버렸고, 1973년 박정희
정권은 연못의 위치를 확인했지만 복원공사를 하지 않았습니다.
수학여행, 신혼여행 등 밀려드는 관광객을 수용할 수 있는 공간이
백운교 앞마당밖에 없어서 구품연지를 발굴하지 않았습니다.
사람들 동선에 방해된다는 이유였습니다. 그래서 불교를
상징하는 연꽃 가득한 구품연지가 사라졌습니다.

불교 경전에서 부처님의 나라(불국)로 가려면 '물을 건너고 구름
위를 지나가야 한다'고 합니다.

물이 '구품연지'이고, 구름이 청운교(푸른 구름)와 백운교(흰
구름)인데 경전의 부처님 말씀을 공염불로 만들어버린 박정희
정권의 어이없는 문화정책입니다.

_ 김형진

불국사 다보탑.

좁은 골목길과 마주한 망미루

부산 망미루　부산 동래구 수안동 일원

두 장의 사진은 부산시 동래구에 있는 망미루의 1971년 모습과 2023년의 모습을 담고 있다. '망미루(望美樓)'라는 똑같은 현판이 붙어 있고 건물의 형태도 같지만, 왠지 다른 건물로 느껴진다. 그 이유는 건물이 서 있는 장소가 다르기 때문이다.

망미루는 조선 시대 부산 일대를 관할하던 동래도호부(東萊都護府) 관아의 누문(樓門)으로, 1742년 당시 동래부사 김석일(金錫一)이 자신의 집무실인 동헌(東軒) 앞에 세웠다. 오늘날로 치면, 망미루는 시청의 정문이라 할 수 있다. 망미루라는 이름은 후대의 어느 동래부사가 멀리 있는 임금에 대한 그리움을 표현하기 위해 붙인 것이라 한다. 조선 시대에는 누각에 통행 금지와 해제 시간을 알리는 큰 북이 달려 있었다.

이렇게 동래도호부의 얼굴 역할을 하던 망미루는 일제강점기에 얄궂은 운명에 휩싸인다. 1919년 동래의 3·1운동이 이 누각 위에서의 만세삼창으로 시작된 탓인지는 모르겠으나, 일제는 1930년대 시가지 정리사업을 하면서 망미루를 비롯한 동래도호부의 여러 건물을 허물려고 했다. 다행인지 불행인지, 이때 망미루는 동래온천에서 가까운 금정산 기슭의 금강공원 입구로 옮겨진다. 금강공원은 동래온천을 개발한 일본인들이 만든 관광지다.

이전 과정과 관련해 두 가지 다른 이야기가 전해진다. 하나는 철거 위기에 놓인 망미루를 구하기 위해 동래 지역민들이 돈을 모금하여 이전했다는 설이고, 다른 하나는 일본인이 개인 정원을 꾸미기 위해 옮겼다는 설이다.

1971년 사진은 원래의 자리가 아닌 온천동의 금강공원 입구에 서 있는 망미루이다. 거리 한가운데 나앉은 모습으로, 금정산을 오르려고 모인 등산객들, 이들을 상대하는 식당들이 보인다.

망미루는 1972년 부산시 유형문화재로 지정되었으나 계속 엉뚱한 자리를 지키고 있다가, 2014년에서야 "민족정기 회복"을 위해 복원한 수안동의 동래부 동헌으로 돌아갔다.

2023년의 사진은 이전, 복원한 후의 모습이다. 그런데 망미루는 원래 자리에 이미 시가지가 형성이 되어서 인근의 어정쩡한 위치로 옮겨지고 말았다. 좁은 골목길과 마주한 망미루는 출입문의 기능을 거의 잃어버렸고, 주변을 둘러싼 현대식 건물들로 인해 옹색하고 초라해 보이기까지 한다.

_ 정치영

'지속 가능한 미래'는 있을까

부산 화력발전소 부산 사하구 감천동 일원

"공업생산의 검은 연기가 대기 속에 뻗어나가는 그날엔 국가 민족의 희망과 발전이 눈앞에 도래하였음을 알 수 있는 것입니다."

울산시를 상징하는 '공업탑' 앞의 비문에는, 1962년 당시 '국가재건최고회의 의장' 박정희 '육군 대장'의 이름으로 울산공업센터 기공을 기념하는 치사문(致辭文)이 새겨져 있다. "사천년 빈곤의 역사를 씻고 민족 숙원의 부귀를 마련한다"는 국가 목표는 "검은 연기"조차 반기는 마음을 만들기에 충분했을 것이다.

하지만 그 검은 연기는 이제 지구 위의 모든 생명을 위협하고 있다. 지난 2023년 3월 만장일치로 승인된 '기후변화에 관한 정부 간 협의체(IPCC)' 제6차 평가보고서는 온실가스 배출이 지구 지표 온도를 1850~1900년 대비 1.1도 상승시켰으며 2040년 이내에 1.5도에 도달할 것으로 예측했다. 33억명 이상이 기후위기에 취약한 상태에 놓여 있고, 해수면 상승, 빙상 붕괴, 생물다양성 손실 등은 되돌릴 수 없는 것이 될 것이다. 화석 연료 사용의 상당한 감소 등 급속한 시스템 전환이 없다면 '지속 가능한 미래'는 없을 것이라고 보고서는 말하고 있다.

1971년 무연탄
화력발전소의 모습.

2022년
액화천연가스(LNG)발전소의
모습.

1971년 사진은 부산시 사하구 감천동에 위치했던 한전 무연탄
화력발전소의 모습이다. 1964년 1, 2호기가, 1969년에 3,
4호기가 준공되었다. 김대중 정부 때 한전의 발전부문이
6개 발전자회사로 분리·분할됨에 따라 부산 화력발전소는
한국남부발전으로 이관되었고, 2004년에는 무연탄 시대를 끝내고
액화천연가스(LNG)발전소로 변신했다. 2022년 사진은 지금의
LNG발전소의 모습이다.

우리나라 발전소에 대해서는 많은 오해들이 있다. 첫째,
석탄화력발전소가 과거의 일이라는 오해다. 하지만 국내에는 무려
59기의 석탄발전소가 가동 중이며 계속 새로 짓고 있다. 둘째,
LNG발전소는 '친환경' 에너지라는 오해다. LNG는 온실가스와
대기오염 물질을 배출하는 엄연한 화석연료다. 셋째, 발전을
한전이 하고 있다는 오해다. 한전은 송배전 및 전기 판매 회사이며,
포스코, GS, SK 등 재벌이 관련된 민간 발전이 2020년 이미 35%를
넘었다.

50년이 넘는 세월에도 끄떡없이 서 있는 화력발전소의 모습을
보며, 기후위기 시대 공공 재생에너지 전환의 긴급성을 절실히
느끼지 않을 수 없다.

_ 김찬휘

인간의 손길 멀어지며 되살아난
자연의 힘

수원 축만제 경기도 수원시 팔달구 화서동 436-1

수도권 전철 1호선 화서역 5·6번 출구로 나가면 서호꽃뫼공원이
펼쳐져 있다. 공원을 가로질러 서남쪽으로 계속 걸어가면 아담한
호수 하나가 나온다. 이 호수가 서호다.

서호의 공식 명칭은 축만제(祝萬堤)인데 천년만년 만석의 생산을
축원한다는 뜻이다. 자연 호수처럼 보이는 축만제는 이름에서
느껴지듯이 사실 정조 23년인 1799년에 축조된 인공 저수지이다.
당시 정조는 수원화성을 짓고 나서 화성의 동서남북에 네
개의 저수지를 축조하였는데, 북쪽이 만석거(萬石渠), 남쪽이
만년제(萬年堤), 그리고 서쪽이 이 축만제다. 동쪽 저수지는 흔적을
찾을 수 없고 만년제는 현재 수풀로 뒤덮여 있다.

경기도 기념물 제200호인 축만제는 애초부터 농업용수를
공급하기 위한 관개시설로 만들어진 것이다. 「정조실록」을 보면
"관개하는 이익이 크다고 하지 않겠는가? 이 못을 파면서부터
1년이 지나지 않아 앞 들판에서 수확한 것이 이미 1000곡이
되었다"고 쓰여 있다.

축만제는 농업을 진흥하여 백성을 구제하고 화성을 자급자족
가능한 도시로 만들려고 하는 정조의 계획을 잘 보여주고 있다.
또한 당시 농사법이 씨를 직접 뿌리던 '직파법'에서 모판에 모를
키워서 옮기는 '이앙법'으로 변화되면서 물이 많이 필요하게 된
것도 저수지를 만든 배경으로 볼 수 있다.

50년이 흘러 축만제의 모습은 어떻게 달라졌을까? 사진을 보면 표석에 울타리가 쳐지고 나무가 울창해진 것 말고는 큰 변화가 없어 보인다. 하지만 2021년의 사진 왼쪽에 나무가 울창하게 보이는 곳은 1996년에 생긴 인공섬이다. 1996년 서호공원을 조성할 때 나온 준설토를 호수 한가운데에 쌓고 나무를 심으니 1만2000㎡ 면적의 섬이 생겼다. 인간의 손이 닿지 않고 십수 년의 세월이 흐르자 오리, 기러기 등이 찾아오기 시작했고 이제는 겨울 철새 민물가마우지의 도래지가 되었다. 2018년 수원시가 실태조사를 해보니 섬 안에 15종의 나무와 32종의 지피류가 자라고 있고 가마우지 둥지가 1700여 개로 총 8000마리가 넘는 가마우지가 사는 것으로 추산되었다.

인간은 생활의 요구와 편의에 따라 자연을 개조해 왔고 많은 경우 그것을 파괴하였다. 하지만 인간의 간섭이 사라지면 자연은 놀랄 만한 복원력으로 다시 자신의 길을 간다. 기후위기와 코로나19라는 미증유의 위기에 빠진 지금, 자연의 힘을 존중하는 것으로부터 이 난국의 시대를 타개할 교훈을 얻어야 할 것이다.

_김찬휘

인간의 손이 닿지
않고 십수 년의
세월이 흐르자 오리,
기러기 등이 찾아오기
시작했고 이제는 겨울
철새 민물가마우지의
도래지가 되었다.

축만제의 자연과 비석은
오랜 시간이 지나도
그대로다.

이어진다

태풍이 와도 무너지지 않는
꼿꼿한 돌탑처럼.

누가 '신'인들 무슨 상관이랴

마이산 탐사 전북 진안군 마령면 마이산남로 367

전북의 동북부, 충청남도와 북도, 경상남도와 북도에 잇닿아 있는
산악 지역을 '무진장'이라 부른다. 무주, 진안, 장수, 세 곳을 함께
이르는 말인데, 불교에서 유래한 우리말 무진장이 '다함이 없이
굉장히 많음'을 뜻하는 것처럼 아름다운 산과 물이 끝도 없이
펼쳐져 있는 곳이다.

삼국 시대 백제의 땅이었지만 대가야 전성기 때 이곳이 복속된
적이 있었고, 그래서 가야토기가 다수 출토된 곳이기도 하다.

무주에 덕유산이 있다면 진안에는 마이산이 있다. 말(馬)의
귀(耳)처럼 생긴 암봉 두 개가 솟아 있다 해서 태종 이방원이 그렇게
이름 붙였다고 한다. 마이산은 진안 읍내 어디서나 잘 보이는데
보는 방향에 따라 다르게 보인다. 혹자는 철에 따라 모습이
다르다고도 한다. 봄에는 쌍돛대 같이 보인다고 '돛대봉', 여름에는
용의 뿔과 같다 하여 '용각봉(龍角峰)', 가을에는 마이봉, 겨울에는
돌산에 눈이 쌓이지 않아 먹물 찍은 붓끝처럼 보여 '문필봉' 등으로
불린다.

봉우리에 암수를 붙여 동쪽 봉우리를 숫마이봉, 서쪽 봉우리를
암마이봉이라 부르는데, 암마이봉 아래에 사진 속의 '탑사'가 있다.
원뿔형 혹은 일자형으로 된 80여개의 돌탑이 있어서 탑사라 한다.
이 돌탑은 전북 임실 출신 이갑룡이 1885년 마이산에 입산하여
수도하던 중 산신의 계시를 받아 백성을 구하겠다는 구하의
일념으로 1900년 무렵부터 혼자 쌓은 것이라고 한다. 낮에는 돌을
나르고 밤에 탑을 쌓았다고 하는데, 그 많은 돌탑을, 그것도 어른
키의 3배 높이에 달하는 탑을 어찌 혼자 쌓았는지 설명할 길이
없다.

당연히 이것은 꾸며낸 얘기다. 1801년부터 진안에 살았던 하립이 쓴 '담락당운집'에는 마이산에 "탑이 줄줄이 서 있다"는 시가 이미 실려 있다. 오랜 시간, 뭇사람에 의해 만들어진 돌탑이 어찌하여 축지법을 쓰는 도인이 항일구국의 정신으로 홀로 쌓았다는 신화로 변신했는가는, 1971년 사진에는 없는 대웅전 옆의 산신전 안을 직접 가 보면 어찌된 영문인지 대강 알 수 있다. 산신전 안에는 이갑룡 상이 모셔져 있는데 옆의 산신보다 두 배 이상이 크다. 곧 이갑룡이 신인 것이다.

어지러운 시대, 힘겨운 삶 속에서 기복(祈福)의 욕망은, 태풍이 와도 무너지지 않는 꿋꿋한 돌탑처럼 이갑룡 '처사'의 신화를 굳건하게 창조해 낸 것이다. 재물과 무병장수, 자손 번창의 욕망 한가운데 누가 '신'인들 무슨 상관이랴?

_ 김찬휘

기도를 드리는 풍경.

천주교 순교의 가슴 시린 터

절두산 성지   서울 마포구 토정로 6

서울 지하철 합정역 7번 출구로 나와 한강 방면으로 10분
정도를 걸어가면 절두산 성지에 이른다. 이곳의 원래 이름은
'잠두봉(蠶頭峰)'이었다. 누에가 머리를 치켜든 봉우리 모양이라는
뜻이다.

1866년 10월부터 이듬해 7월까지 이곳에서 200여 명으로
추정되는 천주교인들의 목이 베어졌다. 참수가 사진에 보이는
절벽 위에서 벌어졌는지, 절벽 앞의 양화나루터에서 벌어졌는지는
확실치 않지만, 그 이후 이곳의 이름은 '절두산(切頭山)'이 되었다.

철종 재위 때 세도정치를 하던 안동 김씨는 천주교에 대해
관대하여 많은 선교사가 활동했고, 그 결과 철종 말기에
천주교인은 2만명에 달하게 되었다. 1864년 고종이 왕위에 오르고
실권을 쥐게 된 흥선대원군도 처음에는 천주교에 대한 특별한
반감이 없었고, 러시아의 남하를 프랑스·영국의 힘을 빌려 막아볼
생각도 있어 프랑스 선교사와 접촉을 계획하기도 했다. 하지만 2차
아편전쟁 이후 청나라에서 천주교 박해가 시작되고 조정에서도
천주교에 대한 반감이 커져 자신의 정치적 기반이 흔들리자
흥선대원군은 돌연 천주교 탄압으로 선회했다.

1866년 3월 프랑스 선교사 9명이 처형된 것을 시작으로 수천 명이 학살되니 이것이 곧 '병인박해'다. 이에 프랑스 선교사 처형에 대한 책임을 물으며 프랑스 함대가 9월과 10월에 두 차례 조선을 침공한 사건을 '병인양요'라 한다. 졸지에 천주교인들은 적과 내통한 대역 분자가 되어 버렸고, 흥선대원군은 너무도 무자비했다. "서양 오랑캐가 더럽혔던 땅을 서학인의 피로 씻음이 마땅하다." 처형은 진행되고, 잠두봉 아래 한강은 핏빛으로 변했다.

끔찍한 역사가 기록된 이 부지를 천주교가 1956년에 매입하여 성지를 조성하기 시작했다. 1966년 병인순교 100주년을 기념하여 성당을 기공했고 이듬해에 축성했다. 사진에 보이는 건물이 바로 기념 성당이다. 1971년과 2022년의 사진에 보이는 절두산 성지의 모습은 큰 변화가 없다. 다만 절벽 아래에는 바로 한강이 흐르지 않고 한강시민공원의 자전거길이 지나간다. 제2 한강교, 지금의 양화대교는 지하철 2호선의 고가철도에 가려 보이지 않는다. 비극의 역사에 아랑곳하지 않고 잠두봉 절벽은 그 고고한 자태를 간직하고 있다.

_ 김찬휘

비극의 역사에
아랑곳하지 않고 잠두봉
절벽은 그 고고한
자태를 간직하고 있다.

절두산 성지 뒤로 펼쳐지는 사진
속 한강 풍경이 지난 반세기
동안 서울이라는 도시의 변화를
실감하게 한다.

포화 속에서도 살아남은 생명력

인천 차이나타운 인천 중구 차이나타운로26번길 12-17

2015년 쿠바의 아바나에 배낭여행을 갔을 때이다. 1959년 쿠바혁명이 일어나기 전 수입된 노란색 올드카(old car)를 타고 이곳저곳을 돌아다니고 있는데, 낯선 동양식 대문이 보였다. 문 위에는 '화인가(華人街)'라는 표지판이 보였다. 차이나타운이었다.

고립된 혁명국가 쿠바에서도 살아 있는 차이나타운은 무수한 중국인의 한 많은 이주의 역사이자 그들의 질긴 삶의 표현이다. 19세기 흑인 노예무역이 금지되자 제국들의 식민지에는 노동력이 부족하게 되었고, 흑인 노예를 대신한 이들이 중국과 인도의 가난한 농민들이었다. 이들은 영어로 '쿨리(coolie)'라 불렸는데 '머슴'을 뜻하는 힌디어에서 왔다고 한다. 중국어 음차로는 '고력(苦力)'이라 한다니, 그들의 처지를 짐작할 수 있다.

청나라 시대는 중국인 대규모 이주의 시기였다. 조선도 예외가 아니었으니 1883년 개항한 인천으로 주로 산둥성 출신의 중국인들이 부두 노동일을 찾아 들어왔다. 개항장에는 재판, 치안, 과세 등 치외법권을 가진 외국인 거류 지역인 '조계'(租界)가 설치되었고, 청국 조계의 흔적은 지금 인천 차이나타운으로 남아 있다.

청·일 조계지 경계 계단을 따라 올라가면 공자상이 있고, 꼭대기 계단은 조계지 거주 외국인들의 휴식처로 조성된 '자유공원'으로 이어진다. 계단을 따라 인천시가 석등을 설치했는데, 왼쪽 석등은 중국식, 오른쪽은 일본식이다. 계단을 사이에 두고 완전히 다른 풍의 가옥들이 펼쳐져 있다. 계단 왼쪽의 전서경 가옥은 120년이 넘었고 옛 청국영사관 부속 건물이었던 '회의청'도 110년이 넘었다. 사진 속의 건물은 140년이 된 건물로 석조건물이라 인천상륙작전의 포화 속에서도 살아남았다. 짜장면의 발상지인 옛 공화춘 건물은 짜장면박물관으로 바뀌어 있다.

노동자가 가니 음식과 상인이 함께 따라가지 않을 수 없고, 그 과정에서 중국의 작장면(짜지앙미엔)은 인천에 들어와 짜장면이 되었다. 미국 서부에서 미국식 중국요리(American Chinese cuisine)가 발원했다면, 인천은 '중화요리'의 발상지인 것이다. 차이나타운은 혼종 문화의 강인한 생명력을 상징한다. 오늘 수도권 지하철 1호선을 타고 종점에서 내려야겠다.

_ 김찬휘

차이나타운은 무수한
중국인의 한 많은
이주의 역사이자 그들의
질긴 삶의 표현이다.

중화요리집이 늘어선 인천
차이나타운 골목.

죽은 백송을 품은 동네

통의동 백송　서울 종로구 통의동 35-15 백송터

서울 종로구 통의동(通義洞)은 경복궁 바로 서쪽에 있는 동네이다.
통의동이라는 이름은 이 지역이 조선 시대 한성부 북부(北部)
의통방(義通坊)이었다가 갑오개혁 때 통의방으로 명칭이 바뀐
것에서 유래하였다. 통의동에는 흰소나뭇골, 매짓골, 띳골 따위의
마을이 있었고, 1955년에 백송동이라는 행정동이 설치되기도
하였다. 흰소나뭇골, 백송동은 모두 이 마을에 '흰 소나무', 즉
백송(白松)이 있어서 붙여진 지명이다.

백송은 소나무의 한 종류로, 나무껍질이 회백색을 나타내므로
백송, 또는 백골송(白骨松)이라고 부른다. 중국이 원산지로
우리나라에는 일찍이 도입되었으나, 번식력이 약해 그 수가
매우 적어서 천연기념물로 지정된 백송이 많다. 통의동 백송은
인근을 지나는 자하문로와 효자로의 큰 길가가 아닌 작은 골목
안에 있었다. 그래서 이 나무가 조선 시대에 어떤 집의 정원수로
심어진 것으로 추정되었고, 백송을 품은 집이 누구의 집이었는지를
두고 두 가지 설이 제기되었다. 하나는 추사 김정희의 집이라는
설이며, 다른 하나는 영조가 즉위하기 전에 살던 사저인
창의궁(彰義宮)이라는 설인데, 옛 지도 등 여러 자료로 미루어보아
후자가 더 설득력이 있어 보인다. 아무튼 이 일대는 조선 시대 내내
왕족과 그 친척이 살던 지역이었다.

1971년의 사진에서는 주택가 한가운데 여러 갈래로 줄기를 뻗고 솟아 있는 백송을 볼 수 있다. 이 나무는 우리나라에서 가장 크고 모양이 아름다워 이미 일제강점기에 일제가 천연기념물로 지정하였고, 1962년에는 다시 우리 정부가 천연기념물 제4호로 지정하였다.

그러나 2021년 사진을 보면, 나무는 베어져 둥치만 남아 있고, 주변에 새로운 백송이 두 그루 자라고 있다. 1990년 7월 폭풍으로 나무가 쓰러져 고사했기 때문이다. 이에 따라 1993년에는 천연기념물 지정도 해제되었다. 백송은 다른 나무에 비해 약해서 더 귀한 가치를 인정받는 것 같다. 통의동 백송 외에도 같은 해에 천연기념물 제6호로 지정된 '서울 원효로 백송'을 비롯해 천연기념물 백송 다섯 그루가 말라 죽어 지정이 해제되었다. 살아 있는 천연기념물 백송을 보려면, 재동 헌법재판소나 조계사에 가면 된다. 어찌됐든 약해서 더 보호하려는 모습이 갸륵하기도 한 풍경이다.

_정치영

순수비가 내려다본 풍경

북한산 진흥왕 순수비 서울 종로구 구기동 산3-1

북한산에는 비봉(碑峰)이 있다. 정상에 진흥왕 순수비라는 비석이
서 있어서 붙여진 이름이다. 신라 제24대 왕인 진흥왕은 영토를
크게 확장한 인물로 유명한데, 자신이 넓힌 땅을 직접 밟아보고
그 기념으로 세운 비석이 진흥왕 순수비다. '순수(巡狩)'는 임금이
나라 안을 두루 살피고 돌아다니는 일을 뜻한다. 진흥왕 순수비는
북한산 외에도 경남 창녕, 그리고 함남 마운령과 황초령에서도
발견되었다.

북한산 순수비는 신라가 한강 유역을 차지한 것의 기념물이다.
진흥왕은 553년에 백제 땅이었던 한강 하류를 빼앗았으며, 신라는
이를 기반으로 100여 년 후 삼국통일을 이루었다. 북한산에 비석을
세운 이유는 새로운 영토, 특히 한강 하류를 한눈에 내려다볼
수 있는 곳이기 때문이다. 특히 비봉은 북한산 줄기의 서남쪽에
위치해 한강 하류는 물론이고 맑은 날에는 서해까지 조망할 수
있다. 순수비에는 총탄 자국이 많다. 6·25전쟁 때 감제고지인
비봉을 둘러싸고 벌인 치열한 전투의 흔적은 아닐까?

비봉은 암벽으로 이루어져 웬만한 담력으로는 오르기 어렵다.
그래서인지 조선 시대까지 순수비는 무학대사와 관련된 비석으로
알려져 있었다. 순수비의 진가를 판별한 이는 그 유명한 추사
김정희다. 1816년 김정희는 직접 비봉에 올라가 순수비임을
확인하고 세상에 알렸다. 김정희는 이듬해 한 번 더 이곳을
찾았으며, 자신이 감정한 내용을 순수비 옆면에 새겼다. 오늘날의
기준으로는 심각한 문화재 훼손이라 할 수 있다.

1971년(위)과 2021년(아래)의 사진을 비교해 보면 별 변화가 없는 것처럼 보이나 사실 엄청난 차이가 있다. 바로 진품과 복제품의 차이이다. 국보 제3호로 지정될 정도로 가치를 인정받은 순수비가 손상될 것을 우려하여, 건립된 지 1400여 년 만인 1972년 산 아래로 옮겼다. 현재 순수비는 국립중앙박물관에 보관 중이다. 사실 더 큰 차이는 비봉에서 조망하는 경관의 변화이다. 사진에 보이는 곳은 서울 서남부와 부천시 일대이다. 논밭만 펼쳐져 있던 곳이 빌딩과 아파트 숲으로 변모하였다. 하나도 보이지 않던 한강을 건너는 다리가 여러 개 놓였다. 상전벽해라 할 수 있다. 앞으로 50년 후에는 또 어떤 모습이 펼쳐질지 궁금하다.

_ 정치영

의연히 서 있는 그 자태만으로

숭례문 서울 중구 세종대로 40

흔히 남대문으로 불리는 숭례문은 조선 왕조 성곽의 축성과 동시에
기공되어 태조 7년인 1398년에 한양의 다른 세 개의 성문과 함께
완공되었다. 조선 왕조는 유교의 최고 덕목인 '인의예지'에 맞춰
동서남북의 성문 이름을 붙였는데, 그래서 동쪽은 흥인지문,
서쪽은 돈의문, 남쪽은 숭례문이 되었다. 북쪽에 홍지문을 짓는
것이 정도전의 원래 계획이었지만 우여곡절 끝에 '개혁과 정화'의
의미를 지닌 숙청문을 짓게 되었고, 연산군 때에는 자리를 옮겨
지어 지금의 숙정문으로 개명되었다고 한다.

1398년의 숭례문은 헐리고 세종 30년 1448년에 신축이
완공되었는데, 숭례문은 이 모습으로 최고(最古)의 목조 건물의
지위를 오랫동안 유지했다. 을사늑약 이후인 1907년 일본
왕세자가 방문하자 숭례문과 연결된 성곽을 모두 헐어버렸지만
정작 숭례문은 살아남았다. 숭례문이 임진왜란 당시 가토
기요마사가 입성한 일종의 '개선문'이라는 것이 헐리지 않은
이유였으니, 역사의 아이러니가 아닐 수 없다. 1934년에
조선총독부에 의해 숭례문이 '보물 1호'로 선정된 경위도 이와
무관하지 않다.

1962년 남대문이 한국전쟁 때의 파괴를 복구하여 중수 중일 때 '국보 1호'로 지정된 것도, 단순한 관리번호에 불과하다 할지라도 조선총독부의 문화재 지정번호를 따른 것임을 부정할 수 없다. 그런 연유로 숭례문을 국보 1호에서 변경하자는 주장이 여러 번 제기되었지만 실행되지 않았다. 서울시는 2006년 3월 3일 숭례문의 중앙 통로를 일반인에게 개방했는데, 그것은 2년이 못 가서 방화로 숭례문이 크게 소실되는 끔찍한 사고의 시초가 된 셈이 되었다. 수백 년의 세월과 일제강점기, 그리고 전쟁의 포탄도 이겨낸 숭례문이 한 사람의 라이터와 시너는 이겨내지 못했던 것이다.

그리하여 우리가 지금 볼 수 있는 숭례문의 모습은 2013년에 복구된 것이다. 선명한 단청으로 차려입은 숭례문의 모습은 크게 훼손당한 상처 자국을 감추려는 안간힘 같아 보여 마음이 아프지만, 의연히 서 있는 그 자태만으로도 서울 시민들은 위안을 받는다. 문화재보호법 시행령이 바뀌어서 이제는 더 이상 '국보 1호'도 아니지만, 우리 국민들의 마음속에 숭례문은 영원히 국보 1호로 남아 있을 것이다.

_ 김찬휘

서울시청 앞 분수도
방화로 불타기 전의
숭례문도 모두 존재했던
1971년 어느 밤 풍경.

국민들의 마음속에
숭례문은 영원히 국보 1호로
남아 있을 것이다.

2022년에 바라본
숭례문과 그 주변 풍경.

선인장으로 가득 찬 독특한
식물원이었던 남산식물원. 시설 노후와
서울성곽 복원 등의 이유로 2006년
철거되었다.

도심 속 공중전화, 이제는
공중전화를 찾아보기 힘든
시대가 되었지만.

청기와주유소는 이름 그대로 푸른
기와를 얹은 건물로 된 주유소였는데,
1969년 홍익대 근처에 문을 연 사진
속 청기와주유소가 우리나라 최초의
현대식 주유소였다고 한다. 지금은
문을 닫고 지명만 남았다. 아직도
"청기와주유소 쪽에서 만나자"라고
하면 이곳 지역 사람들은 잘
알아듣는다.

부산 해운대에 있었던 극동호텔은
영남 최대의, 부산 최초의 특급
호텔이었다. 극동호텔은 애물단지
취급을 받다가 헐렸으며, 현재 그
자리에 '팔레드시즈'라는 이름의
고급 콘도가 세워져 있다.

강원도 속초의 명태덕 풍경. 명태는 '국민 생선'이라고 불릴만큼 많이 잡히는 생선이었으나, 현재 동해에서는 명태가 서식하지 않는다. 무분별한 어획과 지구온난화로 인한 수온 상승이 원인으로 꼽히며, 2019년 국내에서 명태 포획이 전면 금지됐다. 요즘 명태덕장에 걸린 명태는 거의 전부가 러시아산이다.

　우리가 살아가고 있는 지구는 흙과 돌, 물과 나무로 구성되어
있다. 조경학에서는 이러한 원시 지구의 요소가 보이는 경관을
'소프트스케이프(softscape)'라 하고, 그 위에 도로나 담장 등 인간의 편리함을 위해
덮어 씌운 경관을 '하드스케이프(hardscape)'라 한다. 1970년대 대한민국의 도시는
사람이 살아가는 데 필요한 여유로운 풍경은 잘 보이지 않고, 도시의 기본적인
기능만을 가진 모습을 하고 있다. 사실 도시가 굉장히 단순하게 보인다.

　세월이 흘러 도시가 다양한 요구를 수용하면서 더욱 '하드스케이프화' 하고,
원래의 소프트스케이프는 점점 자취를 감추었다. 우리는 지구가 숨쉬기 버거워하는
이러한 경관을 당연하게 생각하게 되었다. 후손들에게 잠시 빌려 쓰는 지구를
지속 가능하게 사용하여, 건강하게 돌려주어야 하는 의무를 망각하고 있는 것이
대한민국의 현실이었다.

　시간이 더 흐르고, 사람들의 소득이 향상되면서 삶의 여유가 생겼다. 그에 따라
도시의 한 면을 레저(여가)가 장식하게 되었다. 도시의 기능이 원활하고 편리하게
돌아가기 위해서 선택한 하드스케이프. 2023년의 대한민국은 그동안 건설하였던
하드스케이프 안에 다시 소프트스케이프를 구성하면서 도시의 가능성과 여유로움을
되찾으려는 모습을 보인다. 『경향신문』 연재 칼럼 「반세기, 기록의 기억」에 넣을
사진을 찍으러 다니는 여정을 통해서 21세기 한국이라는 땅에서 변화한 도시 문화를
엿볼 수 있었다.

　발전하는 도시의 기능을 수용하고 편리하게 수행하기 위해, 하지만 무엇보다도
재산 가치의 향상을 위해 도시가 허물어지고 다시 만들어지기를 반복한다. 터를
완전히 없애고 빌딩을 올려 그 안에 피맛골이라는 이름의 식당가를 재현해 놓은
지금의 피맛골에서 도시재생의 문화가 성숙하지 못한 것이 아니었나 하는 아쉬움이
남는다. 집은 새로 지을 수도 있지만, 고쳐 쓸 수도 있는 것이다. 피맛골을 비롯해
동대문 고속터미널 부지, 뚝섬 나루터(뚝섬 유원지) 부근은 흡사 신도시처럼 모든
것이 새로 태어난 듯한 모습이라 현재의 모습을 사진으로 담기 위해서 인터넷을 통해
50년 전 사진 속 장소가 어디인지를 과거 신문 기사, 항공 사진 등을 통해 알아내야만

했다. 물론 그러한 자료들은 검색과 클릭 몇 번으로 그리 어렵지 않게 찾을 수 있었다. 대한민국은 IT 강국이니까. (아, 변화의 흐름 속에서 어느 장단에 맞춰 춤을 춰야 할까.)

도시 곳곳을 허물고 다시 만드는 일이 생기다 보니 우리 도시만의 고유한 경관을 찾지 못하고 있는 것이 아닌가 생각해본다. 일각에서는 한국전쟁 이후 빠른 복구와 경제 성장을 위한 개발로 인해 어쩔 수 없이 발생한 일이라 하지만, 그 변화 속에서 무조건 돋보이게 만들려는 장식성(粧飾性) 강한 도시보다 그 도시만이 가질 수 있는 장소성(場所性, sense of place)을 나타낼 수 있는 도시를 만들지 못한 것이 아쉬움으로 남는다. 장소성이란 조형성과 대비되는 개념으로, 건물의 가치를 주변 환경과의 관계와 맥락에 따라 인식하는 걸 의미한다.

그럼에도 여가에 대한 요구가 증대하면서 흙, 돌, 물, 나무라는 원시 지구가 가지고 있던 요소들이 가치를 되찾고, 하드스케이프와 공존하며 도시의 기능으로 자리 잡아가고 있는 모습은 미래를 위한 바람직한 도시 문화일 것이다. 대표적인 예로 인공 수로에 가깝지만 청계천의 물이 다시 흐르는 모습을 들 수 있다. 또 관악산 연주대를 비롯해 취사와 흡연이 절대 금지되고 있는 현재 산들의 모습은 1970년대에는 쉽게 상상할 수 없는 모습이다. 자연을 회복하려는 노력이 50년이라는 시간 동안 긍정적인 변화를 가져왔다고 볼 수 있다.

끝으로 도시에 대한 바람이 있다면 이런 것이다. 도시가 보여주는 모습을 하드웨어라 한다면 그 속에 녹아있는 사람들의 냄새는 도시의 소프트웨어라 할 수 있다. 지난 50여 년간의 소프트웨어라 할 수 있는 피맛골 풍경과 같은 서민들의 생활문화가 박물관으로 가고 있는 지금, 2023년 이후 50년 지난 그날에는 도시가 숨을 쉬고, 사람 냄새를 한껏 풍기는 장소성을 지닌 도시가 되기를, 과거의 피맛골을 또 억지로 되살리는 것이 아니라 지금 도시 곳곳에서 피어나는 새로운 '피맛골'의 역사를 이어서 쓰고 있는 도시를 기대해 본다.

이수성 셀수스협동조합원

"맞다! 여기였구나!"

"그래, 그때는 이랬었는데…."

"여기가 이렇게 변했구나."

사진 속 옛 장소를 찾아가는 길은 그리움과 아쉬움의 교차로였다. 길다면 길고 짧다면 짧은 50년 세월. 그 시대를 함께한 사람들에게는 생생하게 기억나는 짧은 세월일 것이고, 이후 시대를 살아온 사람들에게는 아주 오래전으로 느껴질 것이다.

사진으로 찾은 건 장소만이 아니었다. 그 장소의 시대적 배경과 역사적 의미도 찾아보는 계기가 되었다. 행주산성, 공산성, 산정호수 등 산성이나 문화재는 대부분 그대로 존재하지만, 개발과 건설 붐의 시기를 지나온 서울·수도권 지역은 그야말로 상전벽해(桑田碧海), 격세지감(隔世之感)이다. 장소와 함께 기억나는 몇 장면을 글로 옮겨본다.

인천 송도해수욕장

물 반 사람 반이었던 인천 송도해수욕장은 바다가 육지가 되어 자동차가 빽빽하게 대기 중인 중고 자동차 주차장이 되었다. 해수욕장은 증발하였어도 해수욕장 입구 지형과 옥련동 성당 등 주변 건물이 남아 있어 그 위치를 알 수 있었고, 그 주변 건물 옥상에 올라가 촬영할 수 있었다.

삼일빌딩

건물도 사람처럼 나이 들어 작아진 걸까? 서울 한복판에서 위풍당당 최고층을 자랑하던 삼일빌딩은 소심한 꼬마빌딩이 되었다.

동대문시장과 남대문시장

재래시장은 생각보다 많이 변하지 않았지만 가게나 가게 간판이 다 바뀌어서 위치 정보나 시장 사람들의 설명 없이 그 장소를 찾는 건 길에 떨어진 바늘을 찾는 느낌이었다. 오랜 세월 장사를 하신 듯 보이는 어르신에게 사진을 보여드렸다.

"이 장소가 어디쯤인지 알 수 있을까요?"

어르신은 어디서 이런 사진이 났냐며 반색을 표하시곤 다른 사진도 있으면 보여 달라셨다. 아마도 살기 바빠 돌아보지 못했던 지난날을 추억하는 듯 사진을 한참 보더니 희미하게 나온 간판을 찾아낸다. 송월타올.

"옛날에 저기가 송월타올 가게였어."

그곳을 중심으로 맞춰보니 거리의 전체적인 윤곽이 맞았다.

유행을 선도하는 젊은이들의 광장, 명동과 종로

옛날에는 만남의 장소로 명동이면 코스모스백화점이고, 종로면 종로서적이었다. 코스모스백화점은 현 눈스퀘어. 검색으로 바로 찾았다. 종로서적은 옛날 그 자리에는 없다.

남산의 동상들

시민들이 많이 모이던 남산은 지형에는 큰 변화는 없지만, 같은 장소에 다른 동상으로 바뀌어 세워져 있다. 변치 말고 기억하자고 세운 동상들이 정치, 사회 분위기에 따라 없어지거나 이리저리 옮겨졌다. 충정공 민영환 동상은 남산에서 조계사 뒤편으로 옮겨졌다가 2023년 현재에는 충정로역에 세워져 있다. 안중근 의사 동상은 안중근의사숭모회의 이견에 의해 다른 모습으로 바뀌었다. 남산 어린이회관 앞에 있었던 방정환 선생 동상은 현재 군자동 어린이대공원에 있다. 어린이대공원 입구나 가까운 곳에 있을거라 생각해서 이정표도 안 보고 들어갔는데 쉽게 찾을 수 없었다. 마침 현장 수업 온 어린이집 교사에게 방정환 선생 동상이 어디 있는 줄 아느냐고 물어보니 모르고 있었다. 동상 위치를 모르는 것이 아니라 방정환 선생을 모른다는 대답에 놀랐다. 어린이집 선생님인데….

독야청청 고목이 알려 준 그때 그 장소

사진을 찍은 위치로 유력해 보이는 곳 주변까지 와서 두리번거리게 될 때가 있다. 사진과 주변을 번갈아 살펴보니 사진에 스치듯 뻗은 가지가 보였다. 문득 방금 지나온 고목이 떠올랐다. 문화재로 지정되어 있다는 고목이었다. 사진 속 나뭇가지의 주인공일 거라는 생각에 고목 근처로 가서 나뭇가지를 중심으로 카메라 각도를 잡아보니 바로 그 장소였다!

이외에도 창경궁 내 장서각, 동대문 운동장, 잠실, 뚝섬, 수유리 장미농원, 남산 꽃시계 등 사진으로 남은 많은 장소가 정치, 경제, 사회, 문화의 흐름에 따라 흔적도 없이 사라졌거나 터만 남아 있다. 비록 초라하게 남은 터라 할지라도 그때 다 하지 못한 이야기를 나름의 방식으로 전해주고 있었다.

건물은 높아지고 하늘은 좁아져서 50년 전 작가와 같은 앵글을 맞출 수 없어 아쉬웠다. 장소를 찾을 때는 먼저 인터넷으로 검색하여 확인한 후 현장을 찾아 나섰다. 변하지 않은 산등선과 오래된 건물들, 그리고 토박이 어르신들의 추억담은 그 지역 장소를 찾는 중요한 단서가 되기도 했다.

변했다는 건, 변하지 않는 그 무엇이 있어 알 수 있는 것이 아닐까.

강하연 셀수스협동조합원

내가 한 부분을 담당할 수 있다니!

다니는 회사가 경남 진주로 이전을 한 후 자전거 라이딩을 자주 하고 있다. 자전거 라이딩은 경치도 즐기고 건강관리도 할 수 있어 좋다. 한적한 시골 자전거 길을 달리다 만나는 풍광을 사진에 담는 것도 즐거운 일이다. 찍은 사진은 인터넷에 올려 지인들에게 안부 인사를 대신하곤 한다. 특별한 일이 없으면 주말엔 빠지지 않고 자전거를 타며 지내고 있다.

그러던 중 김형진 셀수스협동조합 이사로부터 문자 연락이 왔다. 셀수스는, 내가 알기로는, 우리나라 최초이자 유일한 '토종 콘텐츠 무상 공유단체'이다. 문자에는 빛바랜 촉석루 사진 한 장과 함께 사진의 구도와 비슷한 촉석루 사진을 한 장 찍어서 보내 달라는 내용이 담겨 있었다. 셀수스가 수십 년 전에 우리나라 곳곳을 찍은 옛 사진을 기증받아 그곳의 현재 사진을 촬영한 다음 그 세월의 간극을 재미있는 이야기로 메꾸어 책으로 발간해 보겠다는 계획을 흘러가는 얘기처럼 들은 적은 있었는데, 문자를 받고는 그 계획이 허투루 했던 말이 아니라 차근차근 진행되고 있었다는 것을 알았다.

'와, 내가 그 재미있는 계획의 한 부분을 담당할 수 있다니!' 하는 설레고 들뜬 마음으로 그 주말에 바로 자전거를 타고 진주성으로 갔다. 문자로 온 사진과 동일한 구도를 담을 수 있는 장소는 어렵지 않게 찾을 수 있었다. 수십 년이 지나 좀 바뀐 부분도 있었지만 진주성 촉석루와 남강의 옛 모습은 그대로였다. 그런데 아무리 해도 문자 속의 사진과 같은 모습은 찍히지 않았다. 문제는 계절이었다. 옛 사진의 계절은 겨울이라 나뭇잎이 없어 배경이 훤히 보였지만, 현재 사진을 찍을 당시는 늦은 봄이라 이미 무성한 나뭇잎에 가려 촉석루와 논개의 혼이 서린 의암과 그 의암을 품고 흐르는 푸른 남강이 제대로 보이질 않았다. 혹시 마감에 늦을까 해서 찍은 사진을 바로 셀수스로 보냈다. 그러나 문자의 사진과 비슷한 사진은 그해 여름과 가을이 지나고 겨울이 되어서야 겨우 찍을 수 있었다. 늦지 않았을까 걱정하며 새로 찍은 사진을 다시 보내고 연락했더니 아직 늦지 않았단다. 휴, 다행이었다.

이런 사연들이 쌓여 책이 되었을까? 『경향신문』에 연재되던 「반세기, 기록의 기억」이 한 권의 책으로 나왔다. 내가 가진 모든 것은 나의 힘만으로 이루어진 것이 아니라 나보다 앞서 또는 동시대를 함께 살았던 누군가의 도움이 있었기에 가능했던 것이다. 그건 콘텐츠도 마찬가지다. 우리 저작권법은 제1조에서 저작권법의 목적은 저작권의 보호만이 아니라 보호와 공정 이용의 도모를 통해 "문화 및 관련 산업의 향상과 발전에 이바지하는 것"임을 분명히 하고 있다.

이 책은 이미 출간된 『카피레프트, 우주선을 쏘아 올리다』(2018)와 『카피레프트, 톨스토이 어깨에 올라타다』(2021)에 이은 셀수스의 세 번째 책이다. 셀수스의 뜻에 공감하며 사진을 무상으로 공유해 주신 분들 덕분에 이 책이 나올 수 있었다. 셀수스는 말한다. 우리 지식의 대부분은 다른 이들의 도움으로 이루어진 것이므로 우리도 그것을 타인들과 나누어야 한다고. 셀수스는 이러한 공유문화를 실천으로 보여주고 있다. 셀수스의 공유문화가 우리 사회에 더욱 널리 퍼지길 응원한다.

최진영 한국저작권위원회 센터장

피맛골에 내려온 남산의 토끼

사진으로 잇는 50년 전과 오늘

2023년 6월 2일 초판 1쇄 인쇄
2023년 6월 9일 초판 1쇄 발행

지은이 김찬휘·김형진·정치영
편집 임현규·한소영
디자인 시호워크
마케팅 김현주

펴낸이 권현준
펴낸곳 (주)사회평론아카데미
등록번호 2013-000247(2013년 8월 23일)
전화 02-326-1545
팩스 02-326-1626
주소 03993 서울특별시 마포구 월드컵북로6길 56
이메일 academy@sapyoung.com
홈페이지 www.sapyoung.com

ISBN 979-11-6707-109-5 03910

책에 사용한 옛 도판은 모두 1972년에 삼흥출판사에서 출간한
『이것이 한국이다』(전 7권)에 수록된 사진을 셀수스협동조합이 기부받은 것입니다.